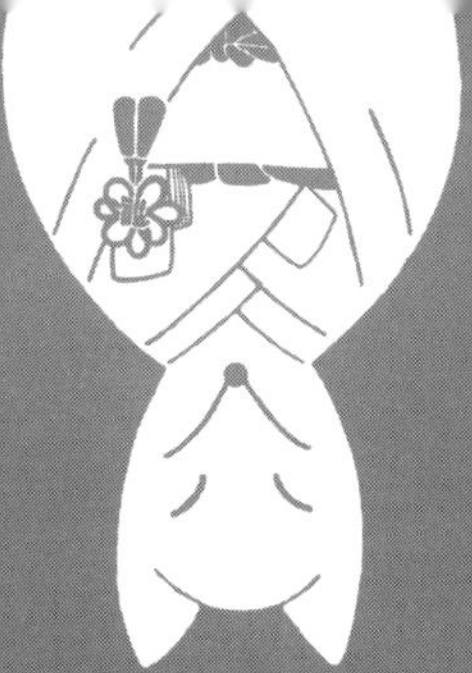

ツレが「ひと」ではなかった

異類婚姻譚案内

川森博司

淡交社

目次

動物の夫

2章　異界（異郷）の者との婚姻

3章　異形の者との婚姻

4章　異類婚姻からみえる人間社会

※本文中の引用・参考文献などは原則（　）に執筆者や訳者などの姓と出版年を記載しています。
詳細は220ページの「引用・参考文献」をご参照ください。

はじめに

異類婚姻の世界への招待

口伝えで語られてきた世界各地の民話の中に、「異類婚姻譚《いるいこんいんたん》」と呼ばれる一連の話があります。動物をはじめとする人間以外の存在と人間が結婚する（異類婚姻）という、日常の現実的思考の次元で考えると荒唐無稽《こうとうむけい》に思われる話（譚）です。日本の昔話の中にも、この異類婚姻譚は数多くあり、種類も豊富です。日本昔話の集大成をおこなった関敬吾の『日本昔話大成』には、「異類聟《むこ》」と「異類女房《にょうぼう》」の大分類のもとに、人間とさまざまな異類との婚姻譚が類型別に収録されています。主なものをあげると、次のようになります。

●異類聟

「蛇聟入・苧環型《おだまき》」「蛇聟入・水乞型《みずこい》」「河童《かっぱ》聟入」「鬼聟入」「猿聟入」「犬聟入」「蚕神《かいこがみ》と馬」「木魂《こだま》聟入」

●異類女房

「蛇女房」「蛙《かえる》女房」「蛤《はまぐり》女房」「魚女房」「竜宮女房」「鶴女房」「狐女房」「猫女房」「天人女房」

少し説明を加えておくと、「異類聟」の下位分類において「聟入」という言葉が使われているのは、その後の研究の進展からみると妥当ではありません。日本の異類聟の話においては、基本的に、異類の聟が人間界にやって来て、人間と結婚して人間界でともに暮らすという聟入のパターンにはならないからです。

『日本昔話大成』における分類の中身をみると、異類が蛇、猿、鶴、狐などの「動物」の場合、木魂、天人などの「異界（異郷）の存在」の場合、河童、鬼などの「異形の存在」の場合があります。私は、この中の動物聟と動物女房に属する話をかつて考察しました（川森　二〇〇〇）。しかし、異界聟、異界女房、異形の聟、異形の女房といった類型の話の考察は先送りにしていました。

本書では、①動物女房・動物聟、②異界女房・異界聟、③異形の女房・異形の聟というように、異類婚姻譚を三つの大分類のもとに整理しなおして、その豊かな物語の世界へ皆さまを誘ってみたいと思います。

また、『日本昔話大成』において「異類聟」や「異類女房」に分類されていなくても、異類婚姻譚の仲間として位置づけておいたほうがよい話もあります。たとえば、『日本昔話大成』において「誕生譚」に分類されている「田螺《たにし》息子」という話は、最後に田螺が人間になるので異類聟の仲間には入れられていませんが、動物聟の話の一つのバリエーションとして考察していくと、新たなつながりがみえてきます。さらに、「一寸法師《いっすんぼうし》」も

「異形の聟」として位置づけると、異類婚姻譚の世界がもっと広がっていきます。

では、そもそも異類婚姻譚はなぜ語られるのでしょうか。人間の男と人間の女が結婚するのは、動物の世界の延長線上で考えることができる自然な現象です。しかし、人間と異類の結婚ということになると、単なる肉体的な結合を超えた意味合いがそこに込められていると考えられます。このことについて、ユング心理学の立場からは、「男性的なもの」と「女性的なもの」の結合を象徴的に語っているという見方があります。つまり、心の次元で、男性が女性的なものを受け入れる、あるいは女性が男性的なものを受け入れるという形での統合のドラマを異類婚姻譚は語っていると考えるのです。その統合のありようには文化の違いが反映されます。そのように考えると、世界各地の異類婚姻譚の多様なあり方は、人間の成熟という課題に対するそれぞれの文化の対応の仕方を示しているとみることができます。

一方、それぞれの地域の婚姻制度をはじめとする実際の社会組織のあり方も、異類婚姻譚の類型に関連しています。一つひとつのお話は、人間の想像力の中で展開していったもので、奇想天外に感じられるものも多くあります。しかし、それらが伝承されていくためには、そこに何らかのリアリティが感じられる必要があります。婚姻制度でいうと、族内婚か族外婚か、村落内婚か村落外婚かといったことが、それぞれの地域の伝承の内容に影響を与えていきます。それに加えて、それぞれの地域社会における共同体的結合の強さや弱さ、ウチとソトのあいだの壁の強弱といった要素も、話の展開のあり方に関わってきます。そういった点からみると、異類婚姻譚には特定の社会制度の中で生きる人々の生き方のモデルを示しているという側面もあるのです。

本書では、まずは実例に即して異類婚姻の世界を散策し、そこからみえてくるものを体感してほしいと思います。事例の資料の大部分は、わかりやすく読めるよう、私が要約したものです。読者各自がそれぞれの視点から、諸事例のあいだの相互連関を見出していくことを期待しています。取りあげる事例には、日本の伝承を主としながらも、韓国・中国の伝承とヨーロッパの伝承、そしてアイヌをはじめとする諸地域の先住民の伝承も加えて、それぞれの国や地域における想像力の展開のありようを、相互比較しながら眺めていきます。

1章「動物との婚姻」では「動物の女房」と「動物の夫」の二つ、2章「異界(異郷)の者との婚姻」では「水界」「地上にある異界」「天界」の三つ、3章「異形の者との婚姻」では「異形の女房」と「異形の夫」の二つに分けて、さまざまな類型の話をみながら、解説を加えていきます。4章「異類婚姻からみえる人間社会」では、諸事例を概観する中で浮かびあがってくる論点についての考察から、日本の異類婚姻譚の特徴を明らかにするとともに、私たち自身の過去を振り返り、未来を展望するための材料として異類婚姻譚を活用していく道筋を示してみたいと思います。

それでは、異類婚姻の世界への旅に出かけることにしましょう。

1章

動物との婚姻

動物の女房

人間の男と動物の女が結婚するタイプの話からみていくことにしましょう。日本の昔話にはこのタイプのものが大変多くあります。

まず、日本の伝承の例をいくつか検討したのちに、韓国や中国などの例もあげていきたいと思います。

鶴女房

事例〇一 ―――― **鶴女房（新潟県佐渡市）**

貧乏な男が田打ちをしていると、背中に矢がささった鶴がいた。男が矢を抜いてやると、鶴はうれしげに飛んでいった。二、三日後の夕方、美しい女が男の家にやって来て宿を乞《こ》うた。そして、二、三日たつと嫁にしてくれと言い、そのまま住みついた。

ある日、女房は銭儲《ぜにもう》けをするからと、六尺四面の機場《はたば》を作らせ、決して中をのぞくなと言って、機織りを始め、美しい布を織りあげた。男が女房に言われたとおり売りに出かけると、その布は天朝《てんちょう》さま（時の天皇）に千両で売れた。

それで満足しておけばよかったのだが、欲が出た男は、女房にもう一反《いったん》織ってくれと頼んだ。途中で男が好奇心にかられて機屋をのぞくと、鶴が自分の羽を抜きながら機を織っていた。女房は、自分が男に助けてもらった鶴であることを明かし、正体を知られた以上、もうここにいることはできないと言って、飛んでいった。男は空を見あげて呆然と立ちつくすばかりであった。（関 一九七八a）

このタイプの話は「鶴の恩返し」などと呼ばれる昔話として、日本各地で語り伝えられていました。そして、いろり端《ばた》の伝承（いろりを囲み語り継がれた民話）がとだえた後も、この昔話をもとにした木下順二の戯曲『夕鶴』によって、日本人のあいだに幅広く知られる話となりました。［16ページ写真001］

さてここで、このタイプの異類女房譚は日本列島以外にはほとんどみられないことに注意する必要があります（小澤 二〇一四、河合 二〇一七b）。つまり、日本人の好みにあった話だと考えられるわけです。そして、このような話をくり返し聞くことが、日本人のパーソナリティ形成に影響を与えたと考えられます。

まず「動物救済 → 押しかけ女房 → 報恩（機織り）」という形で話が展開します。そして、後半の話の枠組みとなっているのが、決して見てはならないと禁じられたにもかかわらず、そのタブーを破ってしまう「見るなの禁止」と呼ばれるモチーフです（195ペー

[写真001]

御伽草子絵巻　鶴草紙　江戸時代

東京国立博物館蔵　出典：ColBase（https://colbase.nich.go.jp）

この「鶴草紙」には、罠にかかった鶴を救った男のもとに、姿を女性に変えた鶴が現れて、妻となり男を助けるという物語が描かれる。いわゆる鶴女房に分類される話で、「見るなの禁止」がモチーフとなる。ただし、鶴は恩返しに機を織るのではなく、妻を奪おうとやって来た領主の軍勢を追い払い、難題を解決するという展開になっている。

ジ)。「禁止→違反」という形で話が進み、動物女房の正体が露見して別れにいたります。別れは女房のほうから切り出され、男は呆然《ぼうぜん》として立ちつくすという展開になります。この「見るなの禁止」の意味をめぐっては、多くの研究者が日本人の心性を解明する鍵がここにあると考え、議論を展開しています。この議論については4章で検討します。

蛇女房

「鶴女房」と同じく別れにいたるのですが、子どもが生まれているので展開が変わってくる話があります。その中でも「蛇女房」の話は、日本の村落社会で広く語られてきたものです。

事例〇二　蛇女房(岩手県遠野市)

あるところに仲のよい夫婦がいたが、ちょっとした風邪がもとで妻が死んでしまった。そこへある晩、若い女が訪ねてきて、泊めてくれと頼み、居ついて飯仕度をするようになった。

そのうち二人は夫婦になり、女房は妊娠して臨月になった。女房は出産のための部屋を作ってくれと頼み、産気づくと、中を見ないようにと言って、その部屋に入った。しかし、なかなか出てこないので、夫が心配になって、中をのぞき見ると、大きな蛇がとぐろを巻き、その真ん中に男の赤ん坊を抱えているのだった。

一週間がたつと女房が部屋から出てきて、「あんなに言ったのに中をのぞいたのですね。もうここにいることはできないから、これをしゃぶらせて赤ん坊を育ててくれ」と、自分の片方の目玉を取り出して男に渡し、山奥の沼へ帰っていった。

男はその目玉をしゃぶらせて赤ん坊を育てていたが、その目玉もしゃぶりつくしてなくなってしまい、困って山奥の沼を訪ねると、盲目になった蛇が出てきた。蛇は「もう片方の目玉を取り出したので、これをしゃぶらせてくれ」と男に渡した。そして蛇は、「自分はこれで明け暮れもわからなくなってしまったので、朝夕に鐘をつくようにしてくれ」と言い残して、沼の中へ消えていった。（鈴木サツ全昔話集刊行会 一九九九）

この話も「鶴女房」の場合と同じように、「禁止→違反→正体の露見→離別」という枠組みの中で話が展開しています。違うのは子どもが生まれるという点です。子どもが生まれるか生まれないかで、その後の展開が変わってきます。子どもを育てるために自分の目玉をくり出す、そして自分は盲目になるという展開が、この話に劇的な効果を生み出しています。「目玉を取り出す→盲目になる」というモチーフについては、盲人がこのような話の伝承に関わることにより、リアリティを持ったのではないかという考えを、柳田国男は示しています（柳田 二〇一三）。

一方、この「蛇女房」の話は、特定の土地と結びついた伝説として語られることが多いという特徴があります。有名なのは滋賀県大津市の三井寺《みいでら》（園城寺）と結びついたものです。三井寺で、夕暮れに鐘をつくようになった由来として語られるもので、「三井の晩《ばん》鐘《しょう》」の名で知られています。［20ページ写真002］

また、例にあげた遠野の話には後日譚がついており、成長した子どもが父から母の居所を聞き出し、母を訪ねます。そして、母と子が抱擁しあった時に、子どもの涙が母である蛇の目に入って、蛇の目が開くという展開になっています。

一般的には、「蛇女房」も、他の日本の動物女房譚の定番と同じように別離で終わるのですが、遠野の例のように後日譚がついて、「再会→再結合」のエンディングになっているケースもあります。

文学の世界においては、上田秋成《あきなり》『雨月物語《うげつものがたり》』所収の「蛇性《じゃせい》の婬《いん》」が、人間の男が蛇の化身である美女にとりつかれるというモチーフを中心に話が展開する作品となっています。

[写真002]

三橋節子画　三井の晩鐘

写真提供：三橋節子美術館

民話「三井の晩鐘」

琵琶湖の湖畔に暮らしていたある男が、蛇を助けた。その夜、一人の娘が男のもとを訪れ、夫婦となる。身ごもった娘は、「決して見ないでください」と言い残して産屋に入るが、男は約束を破り、中をのぞくとそこには大蛇がいた。実は、娘は龍神の化身であった。正体を知られた娘は湖に戻らなければならないと言って、乳代わりにと自分の片目をくり抜いて赤ん坊に与え去っていった。やがて、子どもがその目玉をなめつくしてしまったので、もう片方の目玉も与えた。視力を失った龍は、「私にはもうあなたたちのいる方向がわかりません。どうか三井寺の鐘を鳴らして、二人の無事を知らせてください。」と言った。以来、男は朝夕、子どもを抱いて鐘を鳴らし続けたという。

事例〇三 ―――――― 蛇性の婬［23ページ写真003］

紀伊《きい》の国（和歌山県）に大宅《おおや》の竹助という漁業経営者がいた。三人の子どもがいて、長男は家業に励み、二番目の娘は大和《やまと》（奈良県）の人に嫁入りしていたが、三番目の豊雄は風雅《ふうが》を好み、気ままに過ごしていた。

豊雄が、学問の師としていた熊野《くまの》新宮の神官のところからの帰りに大雨にあい、漁師小屋で雨宿りをしていると、少女をつれた二十歳前の美しい女性も雨宿りにやって来た。豊雄はその女性の美しさに胸をときめかせて傘を貸すと、その女性は「真女児《まなご》」と名乗り、自分の家を訪ねてほしいと告げた。

後日、豊雄が真女児の屋敷を訪ねると、真女児は夫を亡くした身の上であることを明かして、豊雄に求婚した。我が身を考えて迷った末に承諾した豊雄は、家宝の太刀を真女児から与えられて持ち帰るが、その太刀を見つけた兄は、豊雄が熊野権現《ごんげん》の宝物殿から盗んだのではないかと疑いをかける。捕えられた豊雄が、武士たちにつれられて真女児の屋敷に行くと、そこは廃墟になっており、近所の者も三年前から人は住んでいないと言う。勇気ある武士が屋敷の中に入ると、一人の美しい女性がおり、捕えようとすると、雷鳴が轟《とどろ》き、女性の姿は消え失せてしまった。そこには宝物の山が残されており、豊雄の罪は軽減されて、百日後に釈放された。

翌年の春、長谷寺《はせでら》参詣でにぎわう頃、大和の姉の嫁ぎ先に身を寄せていた豊雄のもとに真女児が少女をつれて現れ、泣きながら釈明する。姉夫婦の仲裁もあり、豊雄は真女児と結婚することになり、睦まじく暮らすようになった。

しばらくして、少女をつれて夫婦で吉野に旅をした時に、突然現れた老人が真女児と少女を見て、「この邪神め」とつぶやくと、真女児と少女はすぐに滝の中に飛び込み、姿が見えなくなった。老人は「あの邪神どもの正体は蛇だ。そなたにつきまとっているので、気をつけなければ命を落とす。しかし、雄々《おお》しい気持ちで、よく心を静めていけば、邪神どもを追い払うことができる」と忠告した。

実家に帰った豊雄は、富子という女性と結婚したのだが、結婚二日目の夜、富子に真女児が乗り移って、富雄を罵《ののし》り始めた。翌朝、名のある法師に祈禱してもらったところ、寝間《ねま》から大きな蛇が現れ、法師は気絶して死んでしまった。

そこで、別の高僧に頼み、その指示にしたがって真女児に袈裟《けさ》をかぶせ、蛇の姿になったところを捕まえて鉄鉢《てっぱつ》に封じ込め、地中深く埋めた。これが今も残る蛇《おろち》が塚《つか》である。

富子は病気で亡くなり、富雄は天寿を全うしたと語り伝えられている。

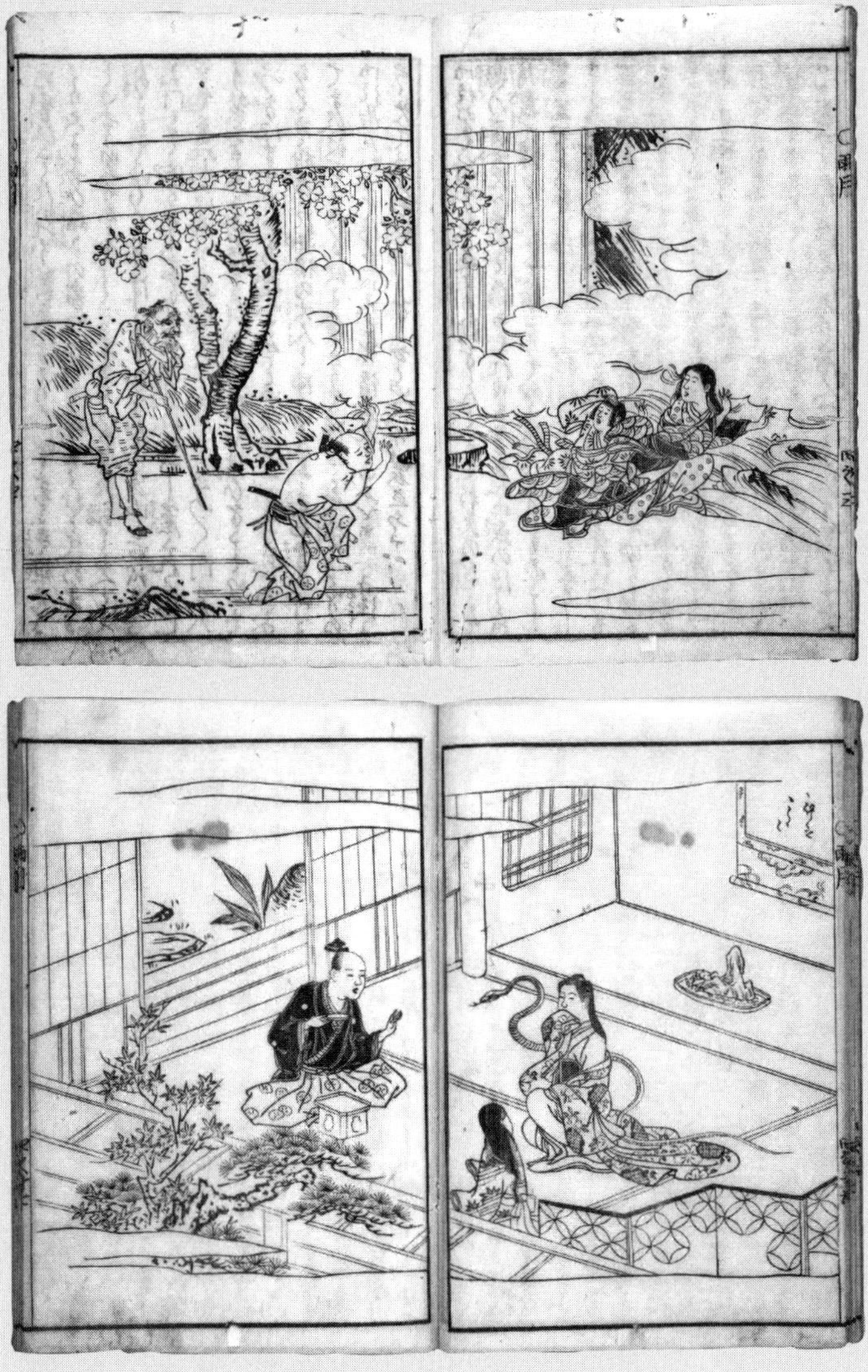

[写真003]

雨月物語　蛇性の婬　1776年刊

挿絵 桂眉仙画

ちょっと長くなりましたが、蛇女房の恐ろしいパワーを強調する話になっています。

この話では、豊雄は常に受け身であり、正体が蛇である真女児が終始積極的に働きかけていることに注目です。「女性からのプロポーズ」というモチーフは、日本の異類女房譚に共通してみられる特徴なのです（河合二〇一七b）。

日本において、蛇は幅広く民間信仰の対象となっており、多種多様な伝承が残されています。「蛇女房」の話もそのような民間信仰のリアリティを背景にして語り伝えられてきたと考えてよいでしょう。

狐女房

狐が人間の女に化けて人間の男と結婚する話も、日本各地で語り伝えられていました。このタイプの伝承には、陰陽師・安倍晴明の出生を語る語り物「信太妻《しのだづま》」の影響がみられ、安部晴明に特定されない場合でも、特別な能力を持つ子どもの出生を語るケースが多くみられます［写真004］。童子丸《どうじまる》の出生譚として語られる例をみましょう。

[写真004]

月岡芳年画　新形三十六怪撰　葛の葉きつね童子にわかるゝの図　1902年刊

国立国会図書館デジタルコレクションより

「葛の葉伝説」

安倍野（大阪府阿倍野区）の里に住む安倍保名が一匹の白狐を助ける。白狐は、「葛の葉」という美しい女性に化け、やがて保名と夫婦になり童子丸という子をもうけた。その子が五歳の時、葛の葉の正体が狐であることが露見して、障子に「恋しくば尋ね来て見よ　和泉なる　信太の森のうらみ葛の葉」の歌を書いて泣く泣く信太の森へ帰っていったという。その時、残された童子丸がのちの陰陽師・安倍晴明だと伝わる。

事例〇四――狐女房・聴耳型（山形県最上郡）

　殿さまの奥方が病気になって、いつまでも回復しない。道庵《どうあん》という判断師に占わせると「野狐の生き胆《ぎも》を服用すれば治る」というので、狐狩りの集団が組織された。そして、白い狐を追いつめたところ、安倍保名《あべのやすな》という若者がその狐をかくまった。保名は追っ手の者たちに捕まってしまったが、和尚に化けた狐の助けで難を逃れ、さらに狐に教えられた道の先で若い娘に家へ誘われた。そのうちに二人は仲良くなって夫婦になった。

　女は機織りをして生計を立て、「童子丸《どうじまる》」という男の子を生んだ。ある日、童子丸が機織り場に入ると、母親が狐の姿で寝ていた。正体を見られたことをさとった狐（葛の葉）は、「童子丸がお乳を飲みたいと泣き叫んだら、信田《しのだ》の森へ来てください」という手紙を残して、森へ去っていった。保名と童子丸が信田の森に訪ねていくと、母狐は童子丸に乳を飲ませ、聴耳頭巾《ききみみずきん》と巻物を保名に渡した。

　その聴耳頭巾を童子丸がかぶると、鳥の言葉が聞こえるようになり、殿さまの奥方の病気の原因が、屋敷の下に埋められた蛇と蛙の争いによることを知った。童子丸がそれを殿さまに伝えると、奥方の病気は全快した。それに嫉妬した道庵が保名を殺そうとするが、童子丸によって救出され、また、童子丸は道庵との占い

—比べにも勝って、日本一の判断師として、楽々と暮らした。（野村 一九七一）

ここでは生まれてくる子どもの名前が「童子丸」となっていますが、これは安倍晴明の幼名です。

狐については、日本の歴史の流れの中でイメージの変遷があり、折口信夫は「日本の狐も、上古と近世には、やさしい感じを持って語られているが、平安朝から後久しく、恐ろしくて執念深いものとなったのは、托枳尼《だきに》の修法の対象として使われたせいであろう」と指摘しています（折口 二〇一七）。

この昔話では、母子の情愛とともに、童子丸の判断師としての出世譚の部分が聞かせどころとなっています。「狐女房」では、「蛇女房」の場合と異なり、異類婚によって生まれる子どもに特別な能力が備わっていることに焦点が当てられています。

『御伽草子《おとぎぞうし》』には「木幡狐《こわたぎつね》」という話もあります。あらすじは次のようなものです。

事例〇五 —— 木幡狐［29ページ写真005］

—山城国《やましろ》木幡（京都府宇治市）の里に、年老いた狐がいた。この狐は稲荷《いなり》の明神の使者なので、何ごとも思いのままになり、数多くの息子や娘がいた。その中でも、妹姫の「きしゆ御前」は際立って美しく、気立てもすばらしく、詩歌管弦《しいかかんげん》にも通じていたので、多くの男から思いを寄せられていたが、心を動かす様子もなかった。

ある時、きしゆ御前は三位《さんみ》の中将《ちゅうじょう》という美男子を見初めた。そして、人間に化け、十二単《ひとえ》に袴を着て、中将の前に姿を現した。中将は人間に化けた美しい狐に心を寄せ、二人は夫婦の契りを交わした。やがて若君が生まれ、二人は幸せに暮らしていた。

若君が三歳になった頃に、中将の乳母から美しい犬が献上されたのだが、きしゆ御前はこの犬をたいそう怖れ、中将が留守のあいだに屋敷を立ち去り、もとの狐の世界に戻ってしまった。しかし、若君や中将のことが恋しくてならないきしゆ御前は、煩悩の世界から逃れるために出家して、嵯峨野《さがの》のあたりで庵室暮らしに入った。

自分の御殿に戻った中将は、きしゆ御前が立ち去ったことを嘆き悲しみ、後添いも迎えず、年月を送ったが、若君はのちに栄華をきわめ、子孫も繁盛した。

一方、庵室に入った狐は若君の成長を遠目に見て喜びながら、日々を送ったのである。（大島 一九七四）

[写真005]

御伽草子　こわたぎつね

国立国会図書館デジタルコレクションより

この話においても、狐女房の母親としての情感が、心ならぬ別離の状況の中で豊かに表現されるとともに、息子である若君の栄華が語られています。ただ、事例〇四とは異なり、若君に特別な能力が備わっていたということは語られていません。この点は、識字層の読者を想定する『御伽草子』という枠組みの中に入ることによって生じた変化と考えられます。文字による雅《みやび》の文芸においては、「狐女房」の異類性が弱められ、人間界の日常的感覚に近づけた表現が強まっているのです。

「狐女房」については、韓国にも類話があります。狐女房から生まれた子どもは、やはり特別な能力を持つ存在として位置づけられていて、高麗の名将である姜邯賛（カン・ガムチャン）という人物の出生譚として語られる例が多くみられます。

事例〇六　狐女房（韓国）

ある男が山道を行く途中、暴風雨にあい、灯《あか》りの見えた一軒家に駆け込んだ。すると、一人の美しい女が出迎え、歓待してくれた。男は三日間、その女の家に世話になり、そのあいだに二人の仲は深まった。帰宅した男は数日後に再び女のもとを訪ねたが、その家はどこにもなかった。

数年後、女が子どもをつれて来て、「先年、あなたが嵐にあって訪ねた家は狐の家だったのです。この子どもはその時にできたあなたの子です。きっと偉い人物になるでしょうから大事に育ててください」と言い残して、姿を消した。

はたして、その子どもは後日偉い人物になったが、それがすなわち姜邯賛であった。（孫 二〇〇九）

非凡な人物の出生を語る点では日本の「狐女房」と同様ですが、狐が男のところに訪ねてくるのではなく、男が狐の家に泊まることになる点、そして、狐と男の同居の期間が短く、異類と人間の関わりが一時的である点が、韓国の「狐女房」の特徴となっています。

魚介系の女房

『日本昔話大成』で「魚女房」「蛤女房」の項目のもとにまとめられている話があります。まずは、民話研究家の佐々木喜善《きぜん》が東北地方で採取した昔話を記録した『聴耳《ききみみ》草紙』（一九三一年）所収の「魚女房」の例をみましょう。

事例〇七──魚女房（岩手県遠野市）

　あるところに正直な漁夫がいた。毎日魚を捕り、あまった魚は川へ放してやっていた。ある日のこと、若くて美しい女がこの男の家を訪ねてきて、自分を嫁にしてくれと頼み込んだ。男は最初は遠慮していたが、結局二人は夫婦になった。

　男は相変わらず毎日漁に出て暮らしを立てていたが、この女房を迎えてから、朝夕の味噌汁がとても美味しくなった。不思議に思った男が、出かけたふりをして梁《はり》の上に隠れて見ていると、女房は夕方になると味噌をすり鉢ですり、そこに自分の尻を浸してから炉にかけた。男は知らぬふりをして夕食に臨んだが、味噌汁を飲まないので、女房がなぜ飲まないのかと尋ねると、男は「汚いまねをするのはやめてくれ」と言った。すると、女房は悟られたと感づき、顔色を悪くして、自分は人間ではないのでもとの住処に帰るが、受けた恩は忘れないので明日いつも行く淵の際《きわ》の岩の上まで来てくれと告げ、姿を消した。

　翌日、男が岩の上に行くと着飾った女が立派な漆塗りの手箱を差し出し、水中に消えた。この手箱には金銀の宝物がいっぱい入っていたという。（佐々木 二〇一〇）

この話も「正体の露見→離別」という展開をたどりますが、離別に際して宝物を男に残していくことが注目されます。子どもは生まれていませんので、「鶴女房」と同じパターンの展開となっていますが、「鶴女房」の場合は「離別の前に動物女房から富がもたらされる」のに対し、「魚女房」の場合は「離別の後に動物女房から富がもたらされる」という違いがあります。

同じ類型の話として、『御伽草子』に「蛤《はまぐり》の草紙」という話があります。

事例〇八――蛤の草紙［35ページ写真006・007］

天竺《てんじく》の魔訶陀国《まがだこく》に「しじら」という貧しい男がいた。父は早くに亡くなり、母と二人暮らしをしていた。天竺では飢饉《ききん》が広がっていたが、しじらは毎日海で魚を釣って、何とか暮らしを立てていた。

ある日のこと、魚は一匹も釣れなかったが、蛤を釣りあげた。しじらは二度蛤を釣り、その度に海へ投げ返したが、三度釣りあげるにいたり、これは三世の契りを得たものだと考えて、今度は舟の中に投げ入れた。すると、その蛤が開いて、十七、八歳くらいの姿かたちの美しい女が現れた。そして、その女が夫婦になってともに暮らそうと言いはるので、家に帰って母にいきさつを告げた。母が歓迎すると言うので、しじらはその女を家につれて帰り、夫婦として暮らすことになった。

女房は機屋を作ってもらって機を織り、織りあげた布をしじらに市へ売りに行かせた。布は女房の言うとおり三千貫で売れた。しじらが買い主のお屋敷で歓待を受けた後、家に帰って女房にいきさつを語ろうとすると、女房が先にしじらが経験したことを少しも違えずに語った。そして、自分は南方の補陀落《ふだらく》世界の観音浄土から使いとして来た者だと告げ、家を出ると白雲に乗って天に昇っていった。

その後、しじらは富み栄え、母を憂いなく養っていけるようになった。（大島一九七四）

この『御伽草子』のバージョンでは、親孝行のすすめという枠組みで全体が語られています。異類婚姻譚としては、異類女房が最初は蛤という形をとってはいるものの、のちには浄土の世界から来た超越的な存在として位置づけられており、2章で扱う「異界の者との婚姻」に近い位相を持った話になっています。

さて、ここまで紹介してきたように、日本の動物女房譚は離別型を基軸としているのに対して、諸外国の動物女房譚は同じような展開をたどるわけではありません。韓国で多く伝承されている「田螺《たにし》女房」の例をみてみましょう。

[写真006]

左2点／御伽草子　蛤の艸子

国立国会図書館デジタルコレクション
より

[写真007]

上2点／御伽草子　はまくりはたをりひめ

国立国会図書館デジタルコレクションより

事例〇九　田螺女房①（韓国・全羅南道）

昔、一人暮らしの男がいた。ある日、稲を眺めながら「稲はよく実ったが、いったい私は誰と暮らしたらよいだろう」とひとり言を言うと、どこからともなく「私と暮らしたら」という女の声が聞こえてきた。声の主が見つからないので、三度くり返してみたが、やはり同じ返事が返ってきた。声が聞こえてくるあたりをよく探すと、一匹の田螺がいた。男はその田螺を家に持ち帰り、水瓶《みずがめ》の中に入れておいた。

あくる朝、男が起きると、今までに見たこともない御馳走が準備されていた。そして、夕方にもまた食膳が準備されていた。毎日それがくり返されるので、誰の仕業か確かめようと、ある日、男は仕事に出かけるふりをして様子をうかがっていると、水瓶の田螺が美しい娘になって御飯を炊き始めた。隠れていた男は駆け寄って娘を抱きしめ、「このようにめぐりあえたのも何かの縁だから、いっしょに暮らしましょう」と言った。そして、二人は夫婦になって幸せに暮らした。（崔一九八〇）

この話の場合、田螺女房の正体が露見した後に、人間の男の側からプロポーズがおこなわれ、結末はハッピーエンドになっていることが注目されます。また、韓国の「田螺女房」には、その後の展開が加わっている場合があります。

事例一〇――田螺女房②（韓国・ソウル市）

（事例〇九に続いて）

ある日、村へ狩りに来た王さまが、この田螺女房を好きになり、若者から奪い取ろうとたくらんで、若者を呼び寄せた。そして、山にある木を全部伐《き》る競争、馬に乗って川を渡る競争を、若者に提案した。それに対して若者は、妻の助言によって竜宮を訪ね、竜王からもらった呪具を使って勝利をおさめた。

すると王さまは、今度は船に乗って海を渡る競争を提案した。しかし、競争が始まると、王さまの船は台風にあってひっくり返り、王さまはおぼれ死んでしまった。大臣たちは若者を王さまとして迎え、田螺女房は王妃となって、二人は幸せに暮らした。（崔　一九七四）

この話では、結婚の後に王さまの横恋慕という試練が訪れるのですが、田螺女房の援助によってその試練も克服し、結局ハッピーエンドになります。

「田螺女房」については、中国にも韓国のものと同様の展開をたどる昔話がありますが、結婚へのいきさつと結末のありようが韓国の場合と異なっています。

事例一一 ―――― 田螺女房③（中国）

あるところに農夫をしている二十過ぎの若者がいた。両親は早く亡くなり、兄弟もいなかった。

ある日のこと、若者は田で田螺を一つ見つけ、手提《さ》げ籠に入れて、家に持ち帰った。翌日、田での仕事を終えた若者が家に帰ると、夕飯の準備ができていた。そして、それが何日も続いた。

そこである時、若者は朝早く田に出るとすぐに引き返し、台所の様子をうかがっていた。しばらく待っていると、水瓶から田螺が出てきて、殻《から》を脱いで人間の女に変身した。そして、米をといでかまどに火を起こし、炊き始めた。若者は気づかれないように家の中に入って、田螺の殻を懐《ふところ》に隠した。女が殻を返してくれと頼んでも若者は取りあわず、自分の妻になってくれと迫ると、女は仕方なく受け入れた。

やがて、何人もの子どもが生まれた。母親は田螺だと、子どもたちがはやされているのを聞いた田螺女房は、昔のことを思い出して殻を返してくれるように、若者に頼んだ。若者がそれに応じて隠していた殻を返すと、田螺女房の姿は見えなくなってしまった。（飯倉 一九九三）

田螺女房の正体が露見した後に、人間の男からのプロポーズによって異類婚姻が成立している点は、韓国の事例と共通しています。この話で特筆されるのは、男が田螺の殻を隠して返さないという点です。それで、田螺は仕方なく男と結婚することになります。このパターンは、のちに紹介する「天人女房」（111ページ）の話と共通するものです。子どもが生まれ、最後には別れにいたる展開も天人女房と共通しています。

昔話以外のジャンルにも目を向けると、宮崎駿監督の長編アニメーション映画『崖の上のポニョ』（二〇〇八）が筋の展開の上では「魚女房」のパターンをたどっています。子どもの視聴者を念頭に置いて作られているので、結婚をモチーフとした形になってはいませんが、「魚の子」であるポニョが人間の子どもである宗介と人間界において本当の友だちになっていく物語が展開していきます。あらためてあらすじをあげておくと、次のようなものです。

事例一二　崖の上のポニョ

海底で暮らしていた魚の子ポニョは、父や兄弟から離れて泳ぎ出たところ、頭が瓶にはまった状態で海辺に流れついた。散歩中の宗介がそれを拾い、瓶を割って家につれて帰ることにしたが、ポニョの父のフジモトによって海底の世界につれ戻された。

ポニョはまた宗介にあうために人間の世界に戻りたがり、フジモトは何とかそれを食い止めようとする。そこにポニョの母のグランマンマーレが現れ、宗介に「ポニョが人間になるには、ポニョの本当の姿を知りながら、それでもいい、という男の子がいるんです。ポニョの正体が半魚人でもいいですか？」と語りかける。それに対して宗介は、「ぼく、お魚のポニョも半魚人のポニョも人間のポニョもみんな好きだよ」と答える。こうして宗介と同じ五歳の女の子になったポニョは、人間の世界で暮らすことになった。（宮崎 二〇一九）

ここでグランマンマーレが「ポニョの本当の姿を知りながら、それでもいい、という男の子がいるんです」と述べていることに注目しておきます。これは、人間の男が異類の女房の正体を知ったら、もうそれ以降いっしょに暮らすことはできないという日本の異類女房譚の鉄則に対するアンチテーゼ（反対命題）となっているのです。そこに、伝承の枠組みを反転させようという創作者の意図の現れをみることができそうです。

また、小説の世界では、荻原浩の小説『金魚姫』がまさに「魚女房」の枠組みで展開するお話です。その内容をごく簡単にまとめると次のようになります。

事例一三 ―― 金魚姫

ブラック企業に勤め、心身ともに疲弊していた主人公は、夏のある日、神社の祭りの金魚すくいで美しい琉金《りゅうきん》をすくい上げ、アパートに持ち帰る。すると、その晩、金魚はいなくなり、謎の美女が現れる。主人公はその美女を「リュウ」と名づけ、同居生活を始める。リュウは記憶を失っていたが、主人公とともにその過去の真実をたどっていき、復讐の思いを抱いて自殺した自身の過去が明らかになる。最後にリュウは琉金の姿に戻り、静かな死を遂げた。（荻原 二〇一八）

この場合は、日本の異類女房譚に一般的な「出会いと別れのサイクル」（178ページ）の枠組みでストーリーが展開していることが確認できます。その枠組みに小説としての心理描写やどんでん返しなどが組み入れられて、魅力的な作品が作りあげられていると考えることができるのです。

蛙女房

『日本昔話大成』において「蛙《かえる》女房」という項目のもとにまとめられている話があります。

事例一四　蛙女房（山形県最上郡真室川町）

昔あるところに貧乏な男がいた。ようやく探して嫁に来たのはとても背の低い女だった。人並みの仕事はできなかったが、まめに働いていた。ある時、その嫁が親の法事に出かけることになり、舅《しゅうと》と兄が怪しんで後をつけた。嫁は川を越えると、傍《かたわ》らの堰《せき》に飛び込んだ。そして、しばらくすると、そこから蛙の鳴き声が聞こえてきた。舅と兄は「やはり普通の人間ではない」と言って、その堰に大きな石を投げ込んで、帰った。

家に帰って知らぬふりをしていると、嫁が帰宅した。法事の様子を聞くと、「法事の最中に屋根から大きな石が落ちてきて、和尚が大けがをした」と話した。「お前は蛙の化け物ではないか」と言うと、嫁は「見破られた」と、蛙の姿に戻り、ピョンピョンと跳ねて、家を出ていった。（野村　一九七二）

この話の場合、異類の女房を否定的に捉え、人間界から排除しようとする傾向が強くみられます。それも日常世界の現実にべったりと引きつけたレベルで語られていて、ファンタジーとしての話の広がりは感じられません（小澤　一九七五）。いずれにしても、日本の異類女房譚の通例どおり、別れで終わるのですが、ヨーロッパの蛙女房はそうではありません。『グリム童話』（ＫＨＭ六三「三枚の羽根」）の例をあげてみます。

事例一五　三枚の羽根

昔あるところに王さまと三人の王子がいた。上の二人の王子は知恵があり、気が利いていたが、三番目の王子は無口でまぬけだったので抜作《ぬけさく》と呼ばれていた。

年老いた王さまは後継ぎを決めておきたいと思い、三人の息子たちに「旅に出て、一番上等な絨毯《じゅうたん》を持ち帰った者に王位を継がせる」と宣言した。そして、三枚の羽根を投げて、その羽根が飛んでいく方向へそれぞれが出かけることとなった。

三番目の王子の羽根はまっすぐ上に飛んで、そのまま地面に落ちてきた。二人の兄はそれぞれ羽根の飛んでいった方向へ出かけたが、三番目の抜作は、その場でしょんぼりしていた。しかし、羽根の落ちたところには落とし戸があり、その戸を持ちあげると階段があったので、抜作はその階段を降りた。すると、大きなひきがえるが一匹とそのまわりにたくさんの小さなひきがえるが集まっていた。用件を聞かれた抜作が「一番みごとな絨毯がほしいのだけれど」と答えると、大きなひきがえるがとても美しい絨毯を出してくれ、抜作はそれを持ち帰った。二人の兄は、ありきたりの絨毯を買って帰っただけだったので、王さまは「定めにしたがえば、国は一番年下の王子のものだ」と告げた。

しかし、二人の兄は納得せず、もう一度競争をおこなうよう要求したので、王さまは「一番みごとな指輪を持ち帰った者に王位を継がせる」と改めて宣言した。三枚の羽根を投げた結果は再び同じようになり、抜作はまた大きなひきがえるのところへ行って「みごとな指輪がほしい」と言うと、輝く黄金の指輪を出してくれた。二人の兄は古ぼけた鉄の輪を持ち帰っただけだったので、王さまは「国は抜作のものだ」と告げた。

しかしまた、兄たちが猛反対したので、王さまは今度は「一番きれいなお嫁さんをつれ帰った者に王位を継がせる」と宣言した。三枚の羽根を投げた結果はまた同様で、抜作は大きなひきがえるのところへ行って「一番きれいなお嫁さんをつれ帰らなくてはならないのだけど」と言うと、大きなひきがえるはにんじんの馬車を出し、そこに一匹のひきがえるを入れると、とても美しいお姫さまになった。抜作はその馬車を引いて王さまのもとに戻った。二人の兄は行き当たりばったりの女をつれて帰っただけだったので、王さまは「国は抜作のものに決まった」と告げた。

ところが兄たちはまた猛反対し、大広間の真ん中につるした輪っかをつれ帰った女たちが飛び抜ける競争を提案した。王さまがそれを認めたのでやってみると、二人の女は失敗し、抜作がつれ帰った姫はみごとに成功したので、王位は抜作に引き継がれ、抜作は長く、賢く国をおさめることになった。（池田二〇〇八b）

ここでは、蛙が美しい人間の女性に変身して結婚が成就され、ハッピーエンドになっています。お姫さまの正体は蛙であるという問い返しがおこなわれないままに、物語が進行していることがポイントです。

猫女房

『日本昔話大成』には「猫女房」という項目がありますが、事例は一例のみで、日本で話型として成立しているとは言いがたいものです。その一例というのは、佐々木喜善がまとめた『聴耳草紙』に収録されている話です。

事例一六 ―― 猫女房（岩手県遠野市）

あるところに百姓がいた。貧乏で四十を過ぎてもまだひとり者であった。夜半に外でしきりに猫が鳴くので、不憫《ふびん》に思って飼うことにした。

ある夜、百姓は「お前が人間で、留守番しているあいだに麦粉でも挽《ひ》いておいてくれたら、生活が楽になるのに」と言いながら、猫を抱いて寝た。すると翌日、百姓が仕事から帰ると、猫がごろごろと挽臼を挽いていた。その夜、百姓と猫は小麦団子を作って食べた。

ある晩、猫が「伊勢参りをして人間になりたい」とせがむので、言うとおりに旅に行かせた。猫は首尾よく伊勢参りをし、その功徳《くどく》で人間の姿になり、百姓と

> ──夫婦になってよく働き、二人は長者になった。（佐々木二〇一〇）

この話は、日本の異類女房譚としては、例外的な形で筋が展開しています。つまり、「人間への変身の達成」のモチーフを持つとともに、幸福な婚姻で終わる結末となっています。この点については、関敬吾が次のように述べています。

> 我が国の異類婚姻譚をヨーロッパの同種の昔話と比較すると、我が国の伝承はほとんど人間の形態をとって婚姻関係を結ぶが、ほとんど人間によって両者の間で守られねばならない規範が破られ、破局に終わる。異類の姿に還って去って行く。ヨーロッパの伝承はほぼこれと逆の形式をとっている。田螺聟は最初動物として人間の女性と結婚するが、結婚することによって人間の姿に還る。ヨーロッパの伝承と共通する例である。このほかに岩手で記録された猫女房が人間に転化する例であるが、大正末期採集で、まだ類話は発見されない。（関一九七八b）

このように、日本においては「猫女房」のタイプの話は伝承として定着しているとはいえないのですが、韓国の伝承においては、先に紹介した「田螺女房」とともに、次に紹介する「むかで女房」の話が「人間への変身の達成」のモチーフを持っています。

むかで女房

事例一七――むかで女房（韓国・忠清南道大徳郡）

昔、塩商人が行商の途中に日が暮れてしまった。そのあたりに小さな瓦家があったので、泊めてもらおうと訪ねると、若い娘がいて泊めてくれ、食事も出してくれた。そして、行商人は結局そのまま、その娘といっしょに暮らすようになった。

ある日、草笠をかぶった若者が訪ねてきて、「お前は十年の年を食ったむかでと暮らしている。そいつを殺せ」と言う。それに対して娘は、「草笠をかぶった若者がそう言ったのだろう。それなら、そいつを洞窟の中につれていき、火をつけてやれ」と言う。それで行商人は、娘の言うとおりに若者を洞窟につれていって火をつけると、若者は大声で叫びながら焼け死んでしまった。その姿を見ると、大きなむかでが仰向けになって倒れていた。むかでが化けていたのだ。娘も実はむかでであったが、その後、むかでの皮を脱いで完全な人間となり、行商人の男と幸せに暮らした。（韓国精神文化研究院語文研究室 一九八一）

ここでは、むかでが「皮を脱いで人間になる」というモチーフが語られ、「田螺女房」の場合よりも、より明確な形で「人間への変身」のプロセスが語られています。そして、人間になった後に幸福な結婚が成就される点では、さきにあげた「猫女房」と同じ展開を示しています。

熊女房

韓国には、人間の女に変身した熊が人間の男と結婚する話もあります。

事例一八　熊女房（韓国・忠清南道公州郡）

ある日、山で道に迷い、空腹で歩けなくなった青年が洞窟の前に座っていると、一人の娘が通りかかった。食べ物をくれないかと青年が頼むと、どこからか鹿の肉と果物を持ってきた。力を取り戻した青年は娘に好感をいだき、いっしょに暮らすようになった。

そのうち、青年は娘の行動を不審に思い始め、ある日、後をつけてみると、娘はいきなり大きな熊に化け、鹿を追うのであった。青年はびっくりして逃げ出し、走って山を下りた。しばらく行くと、後ろから熊の呼ぶ声が聞こえたが、青年はそのまま走り続けた。熊が青年に追いつく寸前になった時、男は絶壁に立っていた。下は錦江である。男は熊に食われるよりましだと思って飛び降りた。熊も続いて飛び降りた。男は泳いで岸にたどりついたが、熊は泳げずに溺れ死んでしまった。だから、このあたりをコムネ（熊川）、あるいはコムナル（熊津）と呼ぶようになった。（崔一九七七）

この話は、一度は異類の世界で結婚生活を送っていた人間が、異類女房の正体を知って、そこから逃げ出すという展開になっています。日本の異類女房譚の中には、このような形の話は見当たりませんが、『日本昔話大成』で「逃竄譚《とうざんたん》」という項目におさめられている「鬼の子小綱《こづな》」の話は、人間の女が、鬼の世界で一定期間暮らした後に逃げ出してくる展開になっています。つまり、日本では異類聟譚の中にこのような類型の話が存在しています。鬼の子小綱については3章で扱います（162ページ）。

サハリン・アイヌにも、熊女房型の説話が伝えられていました。

事例一九――熊女房（サハリン・アイヌ　一九〇四年に記録）

私は自分が所有する川へ出かけ、狩小屋を建て、罠《わな》をしかけて、たくさんの獲物を捕った。小屋に帰ると、小屋から煙が立ち昇っていた。中に入ると、私の妻がいて、炉には鍋がかかっていた。心の中で「神さまにめぐりあったのだ。きっと俺に運をさずけたいに違いない」と思ったのだが、女の顔をつくづくながめても、やはり私の妻である。その夜は床《とこ》をならべて寝た。次の日、女は朝食が終わると「私が外へ出たら、その様子を見ていて」と言って、出ていった。私が見送ると、女は身をゆすぶると同時に雌熊になった。

次の日、罠を見まわると、非常にたくさんの獲物がかかっていた。冬季が終わり、夏季になっても猟運がよく、たくさんの獲物が捕れた。

このようにして、男は大長者になった。（知里　一九七三）

アイヌの伝承の特徴として、一人称の語りになっています。結婚生活は語られていませんが、「私の妻」という表現が使われているので、異類婚姻のモチーフを含意している話でしょう。異類である熊との出会いがあり、すぐに別れることになりますが、男には、それをきっかけに富がもたらされます。その展開に目を向ければ、「竜宮童子」の話（182

ページ）の仲間に位置づけることもできます。

虎女房

また、韓国には「虎女房」の伝承もあります。十三世紀に成立した『三国遺事』に所収の「金現感虎」という仏教系の説話が、ほぼそのまま民間に伝えられたものです。

事例二〇 ―― 虎女房（韓国・慶尚北道慶州市）

新羅には三月に慶州の興輪寺に集まって、石塔をまわりながら福会をする風俗があった。金現という青年が塔をまわっていると美しい娘と目があって、二人は情を通じ、娘が帰る時、金現は無理やり娘の家までついて行った。

家につき、娘が老婆に事情を説明すると、老婆は兄たちに気づかれないようにと、男を奥まったところに隠した。まもなく三頭の虎が現れて「人間くさい」と言い出したが、天から「お前たちのうち一頭を殺して罰を与える」という声がしたので、娘が、自分が罰を受けるので兄たちは逃げるようにと言った。それで、三頭の虎は逃げた。娘は金現に「実は、私は人間ではなく虎です。天の神が兄たちを罰すると言うので、私が代わりにその罰を受けることにしました。私は明日、市に行って人間を脅かしますから、あなたは私を退治して、官職を得るようにしてください。あなたに恩返しがしたいのです。私が死んだら、私のために寺を一つ建ててください」と言い残して、二人は泣きながら別れた。

翌日、市に虎が現れ、懸賞がかかった。金現は、言われたとおりに、それを退治した。金現は高い位に雇われた後、虎頭寺という寺を建てて、虎の冥福を祈った。(崔 一九七七)

この話においては、女房の正体が虎であることがわかった後も男の心に変化はなく、結局別れはするものの、「泣きながら」別れることになっています。また、別れる理由が天の神の罰を自分が背負うことで兄たちを助けるという自己犠牲であって、正体が異類であるがゆえに別れるという形にはなっていないことが大きな特徴といえます。

動物の夫

続いて、人間の女と動物の男が結婚するタイプの話をみていきましょう。日本にはこのタイプの昔話も多くあります。動物の女房と同様、日本の伝承に続いて韓国や中国、ヨーロッパなどの例も紹介します。

猿聟

日本の村落社会でもっとも多く語り伝えられてきたと考えられているのが、「猿聟《むこ》」の話です。西日本と東日本で筋の展開に違いがみられます。まず、西日本における伝承例を取りあげましょう。

事例二一 ―― 猿聟・西日本型（島根県仁多郡）

三人の娘がいる爺が畑で仕事をしていると、猿が出てきてそれを見ていた。爺がその猿に「畑仕事を手伝ってくれ。娘を一人やるから」と言うと、畑仕事を手伝ってくれた。

次の朝、爺が長女に「猿の女房《にょうぼう》になってくれ」と言うと、とんで逃げ、次女に言うと、やはり逃げていった。三番目の娘に頼むと、「いくらでも行くから、その代わりに銀のかんざしと水瓶《みずがめ》を一つずつください」と答えた。爺がそれらを準備すると、猿が迎えに来た。娘は猿に水瓶を背負わせ、自分は銀のかんざしを挿して、大きな堤《つつみ》のふちを通った。娘はその堤で手を洗い、「銀のかんざしが堤に落ちたので拾ってください」と猿に言った。猿は水瓶を背負ったまま娘の「もうちょっと先、もうちょっと先」と言う指示のとおりに先へ進んだ。その時、娘は後ろから猿を突いた。猿は堤に落ちて、背負っていた水瓶に水がたまり、堤の底に沈んでいった。

娘は家に帰り、親子仲良く暮らしたということである。（田中・酒井 一九七四）

この事例のように、西日本における「猿聟」の伝承は、嫁入りの途中に娘の計略によって猿を死に追いやり、娘は爺のもとに逃げ帰るという形で語られます。では次に、東日本における伝承をみてみましょう。

事例二二 ―――――― 猿聟・東日本型（山形県最上郡）

一　昔、水涸《が》れの年に、田に水を引くことができずに困り果てた爺は、「もし全部の田に水を引いてくれたら、三人の娘の誰でも嫁にやるぞ」と大声で叫んでみた。すると、山の猿がこれを聞きつけて、「全部の田に水を引いてやるから、娘の一人を嫁にくれ」と言う。

次の朝早くに爺が田んぼを見まわると、すべてに水が引かれていた。爺は困り悩み、娘たちに「猿の嫁になってくれるか」と尋ねたのだが、一番上と二番目の娘は怒って逃げた。最後に三番目の娘に頼むと、「なるとも、なるとも。親の言うことを聞かないで何とする」と答えた。

やがて、猿が約束どおり娘を迎えに来て、末娘は猿につれられて山を越え、野を越えて奥深い場所に嫁入りした。離れた場所での生活の寂しさを猿が気遣うと、末娘は「爺は餅が好きなので、餅を持って里帰りがしたい」と言う。猿は餅米と臼《うす》を村から調達し、餅をつきあげた。末娘は、別の入れ物に餅を入れると匂いがついて爺が嫌うからと言って、大きな臼ごと猿に背負わせて、里へと向かったが、途中、猿は臼ごと崖の下に転落して、餅もだめになってしまった。末娘は「仕方ない。爺は桜の花が好きなので、桜の花を一枝持っていこう」と言う。そこで、猿は川べりにあった大きな桜の木に登って、枝先に進んだ。娘の指示で、さらに先に進むと、ついには枝が折れて猿は沢に落ち、流されて死んでしまった。

末娘が家に帰ると爺は大喜びし、田畑と屋敷を末娘に譲ることにして、上の二

人の娘を家から追い出し、末娘はその家で幸せに暮らした。だから、親の言うことは聞くものだと。（野村 一九七一）

このタイプの東日本の伝承は、「里帰り型」あるいは「餅臼型」と呼ばれています（福田一九七七）。西日本の「嫁入り型」に比べて、猿聟が娘を気遣う気持ちが描写されているところに特徴の一つがみられます。しかしながら、猿聟の気持ちと娘の気持ちのあいだの溝《みぞ》がうまることはなく、西日本の嫁入り型と同じく、娘は計略を用いて猿を死に追いやってしまいます。

猿聟の視点からみれば、娘への愛が一方通行に終わり、娘と爺のタテの結合の強さ、つまり家の継承の圧力の前に敗れ去る物語として捉えることができます。「鶴女房」のように、一旦夫婦の結合がなされた後の別れとは異なって、初めから異類を排除する傾向が強く感じられます。これは、鶴女房の場合は、人間の世界で結婚生活が営まれるのに対し、猿聟の場合は、猿の住処《すみか》である山の向こうの世界での結婚生活が想定されていることとも関連しているのかもしれません。

異類婚姻が成就されないという点では鶴女房などの異類女房譚の場合と同じなのですが、猿聟の場合は単なる別れではなく、人間の計略によって殺害されてしまうという点が重要です。

蛇聟

次に、人間の女と蛇が結婚するタイプの話をみましょう。このタイプの話は、日本の伝承においては、「苧環型《おだまき》（針糸型）」と「水乞型《みずごい》」という二つの類型に分かれます。まず、苧環型を取りあげます。

事例二三　蛇聟・苧環型（茨城県久慈郡）

昔あるところに、美しい娘がいて、毎日機織《はたお》りをしていた。

ある晩、その音がやんだので、母親が中をのぞくと、いい気持ちで居眠りをしている娘の顔を蛇がなめていた。あくる朝、母親が娘に「夕べ誰か来たか」と聞くと、娘は「きれいな侍が来た。先日から来ている」と答えるので、母親は「明日その侍が来たら、針を侍の頭へ刺しなさい」と言った。そして、翌晩、娘はやって来た侍の頭へ針を刺した。夜が明け、帰っていく侍の跡を母親が糸をたぐりつけていくと、蛇が大きな穴の中でうなっていた。蛇の母は「人間は恐ろしいから近づいてはいけないと言っていたのに、親の言うことを聞かないから命を落とすのだ」と言う。すると蛇は、「自分の身代わりの子をたくさん作ってきたから、自分が死んでも心配はない」と答える。それに対して蛇の母は、「人間は賢いから、蓬《よもぎ》と菖蒲《しょうぶ》を煎じて飲み、その子どもを全部おろしてしまうのだ」と言っていた。それを聞いた娘の母親は家に帰り、蓬と菖蒲を煎じて娘に飲ませると、蛇の子がたくさんおりたんだと。（稲田 一九九九）

この話においては、異類である蛇聟とのあいだにできた子どもが、強い排除の対象になっています。ずいぶん殺伐とした、日常的なレベルに引き下げられた話になっていますが、日本の昔話伝承においては、この「堕胎型」が数多く語られています。ただ、このような伝承状況については時代による変遷も考えられます。というのは、『古事記』および『日本書記』に記された「三《み》輪《わ》山《やま》型神婚神話」においては、神である蛇と人間の女の異類婚の結果生まれた子どももまた、「神の子」として高い評価を受けているからです。

一方で、神話と昔話の伝承のジャンルの違いにも考慮が必要です。基本的に神話は何らかの権威づけの意図をもって語られるものですが、昔話は村落社会の娯楽として語られるもので、話は日常レベルに着地させられることが多いためです。同じモチーフを持つ話が同じ時代に語られても、語りのジャンルの違いによって、異なる展開や結末を持つ話になる可能性があるのです。

次は、日本で語られていた蛇聟のもう一つの形、水乞型の例です。

事例二四 ―――― 蛇聟・水乞型（山形県最上郡）

昔、三人の娘を持った爺がいた。その年は日照りで、田の水が涸れて困っていた。そこで爺は、毎日仕事の終わりに、「この田に水をかけてくれる者があれば娘を嫁にやる」と言って、家に帰っていた。

するとある日の夜中に、何者かが爺の部屋の前に来て、「俺が水をかけておくから、言ったことを忘れるなよ」と言う。翌朝、爺が田を見にいくと、たっぷりと水が張られていた。爺は、蛇がやったに違いないと思い、困り果てて三人の娘に事情を説明したが、長女も次女も蛇の嫁にはなりたくないと断る。しかし、末の娘は父親思いであったので、蛇の嫁になることを承知した。末娘は、鉄《くろがね》の小刀千丁と千成瓢《せんなりひさご》千個を買ってもらい、蛇の待っている沼へ行った。蛇の声がするので、末娘は背負ってきた千成瓢を沼にまいて、「この瓢を全部沈めることができたなら、沼に入ろう」と言った。すると、大きな蛇が現れ、千成瓢を沈めようとして、浮かんだり沈んだりし始めた。そして、その蛇の腰や頭に、娘が鉄の小刀を突き立てると、蛇は死んだ。家に帰った娘は、家財すべてをもらって、楽に暮ら

した。（野村 一九七二）

この話は、事例二一の「猿聟・嫁入り型」と同じパターンで話が展開しています。蛇が出していた交換条件を、人間の側の計略によって断ち切ってしまうのです。登場するのが猿か蛇かで計略の細部は異なりますが、ともに最初から異類を排除する考えを強く持っていて、異類の殺害に及ぶのです。事例二四の「蛇聟・水乞型」の場合も、爺と娘のタテの結合（家の継承）が優先され、人間の側からみて「災難を克服できてよかった」という意味でのハッピーエンドとなるわけですが、農作業の過酷さを実感できない世代にとっては、「蛇や猿がかわいそう」という印象を持たれることが多くなっています。

一方、このような異類聟排除の傾向を持つ伝承とは異なるタイプの伝承が、奄美・沖縄地域には伝わっています。アカマタ（奄美・沖縄地域に生息する大きな蛇）と人間の娘との婚姻を語る伝承をみてみましょう。

事例二五　蛇聟・単純婚姻型（鹿児島県大島郡）

昔、婆さんが畑で芋掘りをしていると、急な大雨で川が増水し、帰ることができなくなった。困って川のそばに立っていると、太い尾の切れたアカマタが出てきた。婆さんは、娘の一人を嫁にやるという約束をして、その背中に乗って川を渡り、家に帰った。

家に帰った婆さんは、娘たちに今日のいきさつの話をした。それを聞いて、長女も次女も「アカマタの嫁になるのは絶対いやだ」と断ったが、末娘は「親の言うことなら仕方がない」と承知した。アカマタは、背の高い好青年に化けて娘をもらいに来た。婆さんは、嫁いでいく娘に小豆《あずき》を一握り持たせて、道々それを落としていくように言った。

そして、その小豆の実のなる頃、婆さんがその小豆のあとをたどっていくと、山の中に大きな家があり、そこでアカマタと娘は何不自由ない生活をおくっていたという。だから、親の言うことは聞けという話だ。（福田 一九九二）

この話は、末娘が嫁ぐところまでは「蛇聟・水乞型」と共通した展開をたどりますが、その後の展開が異なり、そのままアカマタの家で幸せに暮らしたと語られます。その点で、異類排除の思想がゆるめられているとみることができます。伝承例が少ないとはいえ、奄美・沖縄地方にこのタイプの伝承が存在していることは注目に値します。昔話伝承を東アジアの広がりの中で捉えていく際に重要な「つなぎ目」を提供しているかもしれないからです。

実際、韓国では、蛇聟が人間の女との結婚を成就する形の昔話（クロンドンドン・シンソンビ）が伝承されています。その例をみましょう。

事例二六 ―――― 青大将聟（韓国・忠清南道青陽郡）

昔、あるところに、子どものない夫婦がいた。妻が「青大将《あおだいしょう》でもいいから子どもを一人生みたい」と切実に願っていると、本当に子どもを授かったのだが、それは人間ではなく、青大将だった。妻は人に見られるのをはばかって、青大将を甕《かめ》の中に入れ、蓋をかぶせておいた。隣の長者の三人の娘が噂を聞きつけて、見にきた。上の二人の娘は悪口を言って帰ったが、末娘は「クロンドンドン・シンソンビを生みましたのね」と言い、蓋を閉めて帰った。やがて、青大将の息子は成長して、長者の娘を嫁にもらいたいと母親にねだった。母親が長者にこのことを伝えると、長者は三人の娘に尋ねてみることにした。上の二人の娘は断ったが、末娘は父親の考えにしたがうと言って、断らなかった。それで長者は末娘を嫁にやることにした。

結婚初夜に花聟は青大将の皮を脱いで、この世に見たこともないほどの美男子になった。花聟はそのぬけがらを花嫁にあずけて、「これは誰にも見せてはいけない。もし約束を破ったら、二度と会えないことになる」と念を押した。そして、あくる朝早く、どこかへ出かけていった。そのすきに姉たちがやって来て、ぬけがらを見せてくれとしつこくねだるので、花嫁はやむなく見せてやった。すると、姉たちはそのぬけがらを見るや、それを火鉢に投げ込んで焼いてしまった。花聟は帰ってくると、「約束をやぶったから、いっしょにいることはできない」と言い残して旅立ってしまった。

花嫁は花聟を探しに出かけた。途中、ある老婆に頼まれた仕事を成しとげ、老婆にもらった火掻きに乗って花聟の住む竜宮に向かった。花聟にはすでに二人の後妻がいた。花聟は二人の後妻ともとの花嫁に、生きた虎の眉毛を三本抜き取ってくるという難題を出した。二人の後妻が持ってきたのは猫の眉毛だったが、もとの花嫁は山の神であった老婆の助けで、虎の眉毛を得ることができた。花聟はさらに、冬の山の中から山ぶどうを取ってくるという難題を出したが、もとの花嫁だけがまた老婆の助けで成しとげた。そこで、花聟は二人の後妻を追い出して、もとの花嫁と末永く幸せに暮らした。（崔 一九八〇）

この青大将聟の話は、韓国ではかなり広く知られている伝承です。まず、最終的に異類婚姻が成就される形になっていることが注目されます。また、「花婿が青大将の皮を脱いで美しい人間の男になる」という「脱皮による変身」のモチーフが重要な役割を果たしています。このことは比較の視点として、4章で取りあげたいと思います（210ページ）。「山の神」が援助者として登場するのも、韓国の伝承の一つの特徴です。この話は「変身→婚姻→別離→再会」というようにストーリーが展開するので、「蛇聟」の中でも、「変身婚姻再会型」という下位分類に位置づけておきたいと思います。

このような「変身婚姻再会型」の伝承は、日本の口承の異類聟の昔話にはみられないタイプのものですが、『御伽草子《おとぎぞうし》』の「天稚彦草子《あめわかひこそうし》」が「青大将聟」とかなり類似した話の展開となっています。

事例二七 ―― 天稚彦草子［67ページ写真008］

昔、長者の家の前で下女が洗濯をしていると、大蛇が現れて、口から手紙を吐き出し、「長者に渡すように」と言う。長者が読んでみると「娘を嫁にくれ。さもないと父母の命を取る」という手紙であった。長者がこれを娘たちに告げると、長女も次女も断ったが、末娘は「父母を殺されるくらいなら、私が嫁ぎましょう」と大蛇の嫁になることを承知した。それで、大蛇の言いつけどおり、末娘を池の釣殿に置いて皆は去った。亥《い》の刻《こく》の頃になると、大蛇が現れて「恐れることはない。刀を持っていたら、その刀で私の頭を切れ」と言う。娘が切ると、蛇の皮の中から直衣《なおし》を着た美しい男が走り出た。そして、二人は蛇の皮を上にかぶり、唐《から》櫃《びつ》の中に入って夫婦になった。

二人が楽しく暮らしていたある日、男が「私は海龍王（天稚彦）であるので、近いうちに用事があって天に昇らなければならない。二十一日待って帰らない時は、西の京の女のもとに行って、『一夜ひさご』というものに乗って昇ってこい。この唐櫃はどんなことがあっても開けるな。開けると自分は戻れなくなる」と言って、天に昇っていった。ところが、姉たちがやって来て、無理やり唐櫃を開けると、中には何もなく、煙だけが空に昇った。

二十一日待っても天稚彦が戻ってこないので、末娘は西の京に行き、「一夜ひさご」を手に入れて、天に昇った。娘は道を尋ねながらついに天稚彦に再会し、さらに深い契りを交わした。しかし天稚彦は、「私の父は鬼で、あなたにどんな仕打ちをするかわからない」と言う。そして、鬼の父が幾日かしてやって来て、「人間臭い」と嗅ぎまわった。この時、天稚彦は娘を脇息《きょうそく》に変化させてしのいだが、やがて発見され、娘は鬼につれ去られた。娘は、牛の世話をさせられたり、米俵《こめだわら》を運ばされたり、様々な試練を課されたが、天稚彦から教えられた知恵によって、それを切り抜けた。それで、鬼は「息子がこの女を嫁にしたのも何か因縁があった

[写真008]

天稚彦物語絵巻　部分　江戸時代（17世紀）

サントリー美術館蔵

のであろう。許してやるが、二人が会うのは月に一度だぞ」と言うと、娘はそれを「年に一度」と聞き誤って、結局二人は七夕と彦星として、年に一度、七月七日にだけ会うことになった。（松本 一九八〇）

蛇の頭を刀で切るところ、開けてはいけないタブーの対象、課される難題の内容、一年に一度しか会えなくなる点などが、韓国の「青大将聟」と異なっていますが、筋の展開は基本的に重なっています。ただ、韓国においては「青大将聟」が民間の口承の昔話として定着しているのに対し、日本においては、このように文献に残るのみで、この話型が民間の昔話の語りとしては定着していないことに関心をひかれます。

このことについて、金賛會は、韓国ではシャーマンたちが伝える神歌が「青大将聟」の伝承の基盤になっている可能性を示唆しています（金 二〇一三）。

田螺聟

日本における民間伝承としての昔話の中で、動物の聟と人間の娘の婚姻が成就される形で語られるのが「田螺《たにし》息子《むすこ》」という話型です。『日本昔話大成』においては「婚姻・異類聟」ではなく「誕生」の項目に分類されていますが、ここでは「動物の夫」に位置づけて考えたいと思います。

事例二八 ―――― 田螺息子（岩手県和賀郡）

昔、爺と婆が年を取っても子どもができないので、田の水神さまに「田螺でも蛙《かえる》でもいいから、子どもを一人授けてください」と願掛けをした。すると、水神さまは田螺の童《わらし》を授けてくれた。爺と婆は柄杓《ひしゃく》に水を張って神棚に上げておいた。しかし、いつまで経っても田螺は田螺のままであった。

ある日、爺が「そのうち祭りもあることだし、町に米でも売りに行くかな」と馬に米をつけていると、「おらも町へ行く」と大きな声が聞こえてきた。そこらを見ると、柄杓の中から田螺が叫んでいるのだった。爺は喜んで田螺を馬に乗せ、町の長者のところへ行った。長者のところでは、神さまの申し子の田螺童が来たというので、皆が見に出てきた。長者には二人の娘がいて、妹娘がとりわけ器量がよかった。田螺童がその妹娘を嫁に欲しいと言い出し、爺に紙袋に米粉を入れてもらった。長者は田螺童を珍しがって泊まっていくように言うので、田螺童は泊めてもらうことにした。田螺童は米粉を入れた紙袋を「大事なものだから」と言って長者に預けると、長者は「もしなくしたら、おまえの好きなものを何でもやる」と約束した。

田螺童は、夜中にこっそりと起きて、その紙袋を取り出し、妹娘の部屋に忍び込んで妹娘の唇に米粉をいっぱい塗りつけた。そして次の朝になると、「おらの米粉、妹娘に食われてしまった」と泣いて大騒ぎした。長者が確認すると、たしかに紙袋はなくなり、妹娘の口のまわりに米粉がついていた。田螺童は「約束どおり、妹娘を嫁にもらっていきます」と妹娘を馬に乗せて、家に戻った。

そのうち春祭りがあり、田螺童は、妹娘の髪にかんざしみたいに留めてもらって鎮守《ちんじゅ》さまへ出かけたが、途中で烏が田螺童を突き落としてしまった。田んぼには田螺がいっぱいいるので、妹娘はどれが夫かわからずに目を泣きはらしていると、後ろから声をかける者がある。振り向くと、立派な男が立っていて、「今まで田螺の姿でいたが、そなたの貞節で人の性《しょう》に立ち返った。烏と見えたのは実は水神のお使いであった」と語った。そのことが長者に聞こえると、長者は婚礼を立派に行いなおした。

それからというもの、田螺の聟夫婦にはどんどんお金がたまって、「田螺の長者さま」とあがめられるようになった。（関一九七八b）

この話では、田螺の聟が水神の申し子であったことが、その後の話の展開の枠組みとなっています。田螺童が策略をめぐらせて妹娘との結婚にこぎつけるところは、のちに取りあげる「一寸法師《いっすんぼうし》」の伝承（154ページ）と共通しています。最後に立派な人間の男の姿になるところは、先に関敬吾が指摘していたように、ヨーロッパの伝承によくみられるパターンですが、この話の場合、そのような劇的変化は語られず、何気なくごく自然に人間の姿に変身しています。このあたりの東西の伝承のありようの違いについては、4章で比較・検討を加えます。

蛙聟

韓国に「田螺息子」と共通の筋の展開を持つ「ひきがえる聟」という話があります。例をみてみましょう。

事例二九 ―――― ひきがえる聟（韓国・江原道原州郡）

ある日、漁師の爺が一匹の魚も捕れずに家に帰る途中、一匹のひきがえるが「家につれていってくれ」と声をかけてきた。食事はほんの少しでいいと言うので、爺はそのひきがえるを家につれ帰った。数日後、ひきがえるが「息子にしてくれ」と頼むので爺は承知した。

次に、ひきがえるは大監さまの家の三番目の娘を嫁にすると言い出し、翌晩、大監さまの家に出かけ、神の使いのふりをして大監をだまし、三番目の娘を嫁にもらうことを承知させた。結婚初夜にひきがえるは、はさみで背中の皮を切ってくれと、娘に頼んだ。娘が言われたとおりにすると、まぶしいほど美しい若者が現れた。若者は爺を呼んで、改めて親子の契りを結んだ。

その後、夫婦はとても幸せに暮らしたという。（崔 一九七四）

日本の「田螺息子」と比べると、花嫁がひきがえるの背中の皮をはさみで切ると、中から美しい男が現れるという形になっている点が違いになります。また、「田螺息子」のように、冒頭に神さまに願掛けをして子どもを授かるという「申し子」のモチーフがないことも日本の伝承との違いになります。

日本の「田螺息子」も韓国の「ひきがえる聟」も、ともに動物の夫が最後には人間の姿になりますので、そちらを本来の姿と考えると、異類婚姻ではなく、人間同士の婚姻を劇的な形で演出したものと捉えることもできます。

このように、動物の姿をしていた結婚相手が実は人間であったというニュアンスが強調されているのが、『グリム童話集』の最初の話として掲載されている「蛙の王さま」(『グリム童話集』KHM1)です。

事例三〇――蛙の王さま［76ページ写真009］

昔、三人の美しい娘を持った王さまがいた。中でも、末娘はとびきり美しかった。

その末娘のお姫さまが、森の泉のほとりで遊んでいたところ、黄金の鞠《まり》が泉の中に落ちてしまった。悲しんで泣いていると一匹の蛙が、「私が鞠を拾いあげてきたら、何をくださいますか」と姫に尋ねた。姫は「蛙さんのほしいものなら何でも」と答えた。すると、蛙は「お姫さまと並んで食事をし、お姫さまの寝床の中に寝かせてくれるのなら、黄金の鞠を取ってきましょう」と提案し、姫が承諾したので、蛙は水にもぐって鞠をくわえてきた。ところが、姫はそれを拾いあげると、すぐに走り去ってしまった。

翌日、姫が王さまや城の人たちと食事をしているところへ蛙がやって来た。姫が前日の事情を王さまに話して助けを求めると、王さまは「約束したことは、いやでも守りなさい」と姫に言って、蛙といっしょに食事をした。次いで、蛙がいっしょに寝ようと促すと、姫は泣き出してしまったのだが、王さまは「困っている時に助けてくれた者をないがしろにするものではない」と怒った。それで、仕方なく姫は蛙を寝室につれていったが、蛙が強引に寝床に入ってくることに腹を立てて、蛙を力いっぱい壁にたたきつけた。すると、落ちてきたのは蛙ではなくて、きれいなやさしい目をした王子だった。王子は、悪い魔女に魔法をかけられていたこと、自分を救いだせるのはお姫さまだけだったことを語った。そして翌朝、二人は迎えの馬車で王子の国に向かった。（池田 二〇〇八a）

この話はヨーロッパ諸国で伝承されていて、「スラヴ語圏では蛙ではなく蛇の場合が多い」といいます（高木 二〇一七）。「魔女に魔法をかけられて人間以外の姿にされる」というのは、ヨーロッパの伝承に特徴的なモチーフです。ここでは王さまが娘の姫に、交わした約束の実行を強く迫っていることが印象的です。結末を知ってしまうと、予定調和的にも捉えられますが、途中の経緯としては、日本の「猿聟」や「蛇聟・水乞型」の場合とは異なり、約束を重んじて異類婚を受け入れる姿勢を示していることに注意を向けておきたいと思います。

馬聟（蚕神と馬）

『遠野物語』に、オシラサマ［76ページ写真010］の起源を語る話として、馬と娘の婚姻をモチーフとする話が収録されています。次のような話です。

事例三一　オシラサマ（岩手県遠野市）

昔、あるところに貧しい百姓がいた。妻はおらず、美しい娘が一人いた。また、一匹の馬を飼っていた。娘はこの馬を愛して、夜になると厩舎《きゅうしゃ》で寝、ついに馬と夫婦になった。

ある夜このことを知った父は、次の日に、娘には知らせず、馬を桑の木につりさげて殺してしまった。その夜、娘は馬が厩舎にいないので、父に尋ねてこのことを知り、嘆き悲しんで桑の木の下に行った。そして、死んでしまった馬の首にすがって泣いていたところ、父はこれを憎み、斧で馬の首を切り落とした。すると、たちまち娘はその馬の首に乗ったまま、天に昇り去っていった。

オシラサマというのは、この時にできた神さまである。馬をつりさげた桑《くわ》の枝

[写真009]

グリム童話集　蛙の王さま

ヤーコプ・グリム、ヴィルヘルム・グリム著『Kinder und Hausmärchen』（1910年?）

挿絵 ヘルマンフォーゲル画

[写真010]

オシラサマ

写真提供：遠野市立博物館

六体一組のオシラサマ（上）

と四体一組のオシラサマ（下）

で、その神の像を作った。その像は三つある。根元で作ったものは山口の大同（旧家のこと）にある。これを姉神としている。枝の中ほどで作ったものは、山崎の在家権十郎という人の家にあった。佐々木氏（佐々木喜善《きぜん》のこと）の伯母が縁付いた家であるが、今では家が絶えて、その神の行方がわからなくなっている。枝の先のほうで作った妹神の像は、今は附馬牛《つきもうし》村にあるということである。（柳田二〇〇四）

ここでは、蚕《かいこ》との関連は語られていませんが、『遠野物語』の語り手である佐々木喜善自身がまとめた昔話集『聴耳草紙《ききみみぞうし》』所収の「オシラ神」では、娘が父と母の夢枕に立って、「三月十六日の朝間、臼《うす》の中に馬の頭の形をした虫がいるから、桑の木から葉をとって飼うと絹糸をこしらえるので、それで暮らせ。それはトトコ（蚕）という虫だ」と知らせることになっています。そして、「馬と娘はオシラ様という神様になったので、オシラ様は馬頭と姫頭との二体がある」と語りおさめられています（佐々木二〇一〇）。

これらの話については、巫女（イタコ）が語り伝えた「オシラ祭文」の影響が指摘されるとともに、中国六朝時代、東晋《とうしん》（三一七〜四二〇）の干宝《かんぽう》が著した怪異説話集『捜神《そうじん》記《き》』や、唐代に編纂、成立（六六八年）した仏教資料集『法苑珠林《ほうおんじゅりん》』に原話があるとの指摘もなされています。

では、『捜神記』所収の「馬の恋」という話のあらすじをみましょう。

事例三二 ―― 馬の恋（中国）

大昔、高い官職にある男が遠方に出征し、家には娘一人が残された。家では牡馬を一頭飼っていて、娘は親身になって世話をしていた。娘は父親が恋しくてたまらなくなり、馬に向かって、「お前がお父さまをつれ帰ることができたら、お前のお嫁さんになってあげるよ」と冗談を言った。すると馬はこの言葉を聞くなり、手綱《たづな》を引きちぎって走り去り、父親のところにやって来た。父親は馬を見て喜んだが、馬は今来た方角を望んで悲しそうな鳴き声をあげた。父親は「馬がこんなに鳴くのは我が家に何か異変でも起こったのではないか」と思い、大急ぎで馬を走らせて帰った。

家に帰ると、馬にたっぷりと馬草《まぐさ》を与えたが、馬は見向きもせずに、娘が家に出入りするのを見て足を踏み鳴らした。それが続くので、父が娘に尋ねると、娘は馬に冗談を言ったいきさつを話した。すると父親は、「誰にも言うな。家門の恥になる」と言い、石弓をしかけて馬を射殺すと、皮を剝いで庭に干した。

ある日、娘は隣の娘とふざけながら皮を足で踏み、「お前は畜生の分際で、人間をお嫁さんにほしがるなんて。殺されて皮を剝がれたのも身から出たさびだわ」と言った。すると、その言葉が終わらないうちに、馬の皮が立ちあがったかと思うと、娘を包んで飛び去った。隣の娘から知らせを受けた父親が急ぎ探したが、もう姿は見えなかった。

数日後、庭の大きな木の枝の上に、娘と馬の皮が発見された。どちらも蚕と化して枝の上で糸を吐いており、それらが作る繭からは普通の数倍もの糸が取れた。

（竹田二〇〇〇）

事例三一（75ページ）と事例三二を比べると、「馬と娘が結婚に向かうこと」、「父親が馬を殺すこと」、「馬と娘がともに天に昇ること」が共通点としてあげられます。しかし、相違点も目につきます。『遠野物語』では娘が馬に恋をしますが、『捜神記』では馬が娘に恋をします。また、『遠野物語』では父親が馬の首を切りますが、『捜神記』では父親が馬の皮を剝ぎます。蚕の起源との結びつけは遠野にも伝承されていたと考えられ、両者に共通する要素ですが、オシラサマという桑の木で作った神像については、『捜神記』には言及がありません。

このようにみてみると、『捜神記』の話がもとになっているにしても、『遠野物語』におけるような語りが日本に定着する過程で、独自の要素がつけ加えられていることがわかります。「馬の恋」と題されているように、『捜神記』においては馬が人間の娘に恋をしますが、人間の側は一貫して本気にしてはいません。それに対して『遠野物語』の話は、人間の娘の馬に対する愛情に焦点が当てられていて、それが成就されない悲しみが、語りの基調となっていることに注意が必要です。

犬聟

あまり数は多くありませんが、犬と人間の女が結婚するモチーフを持つ「犬聟入」という昔話が、西南日本を中心に伝承されています。また、『南総里見八犬伝《なんそうさとみはっけんでん》』の冒頭のエピソードとして有名な「伏姫《ふせひめ》と八房《やつふさ》」の話も、犬と人間の娘の婚姻をモチーフとするものです。

まず、民間で昔話として伝承された「犬聟入」の例をみましょう。

事例三三　犬聟入（徳島県海陽町）

昔、あるところにお婆さんがいた。娘が赤ん坊の時に、飼い犬にお尻の始末をさせ、「娘が大きくなったら、お前の嫁にやろう」と言っていた。そうすると、犬はまめまめしくその赤ん坊の世話をするようになった。やがて娘が大きくなり、犬と夫婦として暮らすようになった。犬は山でいろいろな獲物を捕り、それを売ったり食べたりして暮らしを立てていた。

ところがある時、一人の猟師が娘を自分の嫁にほしいと思い、犬を山で撃ち殺して知らぬ顔をし、山に捨てておいた。娘は犬が帰ってこないので心配したが、いつまで待っても帰らない。そのうちに猟師が来て、いろいろと口説くので、その猟師の嫁になり、仲良く暮らし、子どもも七人できた。

ある日、猟師が月代《さかやき》を剃ってもらっている時に、もう昔のことを話しても大丈夫だと思い、「お前とつれ添っていた犬は、俺が山で撃ち殺したのだ。お前欲しさにそうしたのだ」と告白した。すると娘ははっと怒って、手にしていた剃刀で猟師の喉《のど》を掻《か》き切った。前の主人の仇《あだ》ということで殺したのだった。「七人の子はなすとも女に心ゆるすな」ということわざは、ここから起こったという。（福田 一九七六）

この話では、異類である男と人間の女の婚姻が一旦成就されて夫婦になりますが、それが人間の男によって破壊されます。しかし、最後には人間の男が殺されて、異類聟を優位に置くという思想が示されており、日本の異類聟譚では例外的な話型と考えられます。

いろり端《ばた》の語りにしては、ずいぶん鋭角的な切り口の話で、日本の村落社会においてあまり広く伝承されることがなかったのもわかる気がします。芥川賞を受賞した多和田葉子の小説『犬婿入り』では、「動物と結婚する話と言えば〈つる女房〉しか知らないかもしれないけれど、〈犬婿入り〉っていうお話もあるのよ」と、少数派の異類婚姻譚として「犬聟入」を導入し、この昔話を比喩として使いながら物語を展開させています。

「犬聟入」のエンディングの「七人の子はなすとも女に心ゆるすな」という言葉（ことわざにもなっています）は意味深長で、男側からの一方的な目線はフェミニズム的に問題がありますが、男女関係の不可解で困難な距離のあり方を深いところで捉えているようにも感じられます。

「犬聟入」の昔話については、中国古代の「槃瓠《ばんこ》伝説」との関連が指摘されています（福田 一九七六など）。槃瓠伝説とは、ある一族が、犬と人間の女のあいだに生まれた子を始祖とするという伝承です。それに対して、日本の「犬聟入」の場合、人間の女と犬のあいだに子どもが生まれるのではなく、犬を殺した猟師とのあいだに子どもが生まれています。伝承の起源として関連があるかもしれませんが、日本の伝承は始祖伝説ではなく、犬と人間の娘の情的な結びつきの強さに重点を置いた語りとなっています。

では次に、滝沢《たきざわ》馬琴《ばきん》による江戸時代の人気長編小説『南総里見八犬伝』の発端のエピソードである伏姫と犬の八房をめぐる物語を紹介します［85ページ写真011］。

事例三四 ——伏姫と八房

結城《ゆうき》合戦（一四四〇年）を生き延びた里見義実《さとみよしざね》は、一男一女をもうけるが、娘の伏姫は三歳になっても、ものを言うことができなかった。しかし、ある日、役《えん》の行者《ぎょうじゃ》の化身が現れて、姫に「仁・義・礼・智・忠・信・孝・悌」の八つの文字が浮かび出ている水晶の数珠《じゅず》を与えると、それ以後、姫は順調に成長した。

長禄元年（一四五七）、里見領が凶作となり、その困窮に乗じて隣接した領地をおさめる安西景連《あんざいかげつら》が大軍で押し寄せた。追いつめられた義実は飼い犬の八房に、「敵の大将である安西景連の首を取れば、娘の伏姫と結婚させてやろう」と言った。すると、八房は敵陣に出かけて景連の首をくわえて戻った。そして、伏姫を求めるそぶりをしたが、それに義実は怒り、犬を成敗しようとした。しかし、伏姫は約束を果たすべきだと父を諫《いさ》め、八房の背に乗って富山《とみさん》（房総にある山）の山中に入っていった。姫と八房は洞窟を住みかとし、姫は読経をしつつ日々を送っていた。

ある日、姫が泉に映る自分の姿を見ると、体は人だが頭は犬になっていた。またこの頃、姫のお腹は大きくなっていた。そうした時、姫を探しにきた義実の家来の金碗大輔《かなまりだいすけ》が八房を狙って撃った鉄砲の弾が、八房の喉を撃ち抜き、さらに姫の胸にも当たったため、姫は気を失って倒れた。息を吹き返した姫は身に覚えのない妊娠を恥じて、守り刀で自らの腹を掻き切ると、襟《えり》に掛けていた数珠がちぎれて、八つの玉が光り輝いて飛び出し、風に乗って八方に散りうせた。実はこの玉こそ、数年後に八犬士が出現し、里見の家に集まる端緒であった。

（白井 二〇〇三）

父の里見義実が飼い犬の八房と約束を交わした結果、八房と娘の伏姫が山でいっしょに暮らすようになるという展開は、民間伝承の「犬聟入」の枠組みと共通しています。高田衛は『完本　八犬伝の世界』において、「馬琴は日本の古い『犬聟入』の民話に強い影響を受けていた」と記しています。この『八犬伝』の発端部では、異類婚姻のモチーフが肯定的な意味づけで取り入れられているのです。ただ、この話の場合、人間の女が犬と同棲した結果、妊娠するという設定ですので、犬祖伝説的な側面も持っています。また、伏姫の処女懐胎《かいたい》を強調している点は、作家である馬琴の思想（創作の意図）を反映したものと考えられます。

[写真011]

上／月岡芳年画　錦絵　美勇水滸伝　里見義成・八房（八房、敵将安西景連の首をとる）　1866年

下／歌川国政画　錦絵　八犬伝（神霊伏姫。房州富山の洞窟）

2点ともに館山市立博物館蔵

熊聟

アイヌは豊かな口承文芸を伝えてきた民族ですが、その散文説話の中に熊と人間の娘が結婚する話があります。アイヌの口承文芸の特徴どおり、ここでも語り手が一人称で物語を展開しています。

事例三五　熊聟（アイヌ）

私は母と二人で暮らしていた。ある日、沢で魚を捕っていると大きな熊が沢に降りてきて、黒い小袖を着た立派な男に姿を変えた。そして私に向かって、「あなたの心が気に入った」と言った。その後再び、この熊のカムイと同じ沢で出会い、臥所《ふしど》（寝室）をともにすることになった。そのうちにお腹が大きくなり、男の子が生まれた。熊のカムイは会うたびにおみやげをくれるので、私は何不自由なく暮らし、やがて今度は女の子が生まれた。

ある日、熊のカムイは「私にはカムイモシㇼに妻となる女がいるので帰らなければならない。どこからか立派な男がやって来るので、その男といっしょになり、人間の子孫を作ってくれ。カムイモシㇼでは私には子どもができないので、そのうちに息子をカムイモシㇼにつれていく。そして、まだ年を取らないうちにおまえもカムイモシㇼにつれてきて、本当の結婚生活をすることにしよう」と告げた。私は腹が立ったが、何も言いようがなかった。

そのうちに、どこからか立派な男がやって来て、いっしょに暮らすようになった。その男とのあいだに大勢の子どもをもうけたが、ある時からその男の姿が見えなくなってしまった。母が亡くなり、子どもたちも結婚するようになった頃、私はこの世を去る様子である。死んでカムイの夫のところに行くことになるのだと思い、子どもたちに「山のカムイをお祀りするように」と言い残した。（中川 二〇二〇）

この話で特徴的なのは、人間の女と熊の異類婚が成就されて子どもも生まれること、夫の熊が一旦カムイモシㇼに帰ることによって結婚生活が中断されること、そして、残された人間の女は人間の世界で死を迎えた後に、カムイモシㇼに行って熊のカムイとの結婚生活が再開される予定になっていることです。

中川裕によれば、かつてアイヌは、この世界が二つの精神的存在によって構成されていると見なしていたそうです。その一つが「アイヌ」（人間）で、もう一つが「カムイ」

（人間にない力を持ったものすべて）であり、カムイは「カムイモシリ（カムイの国）」と呼ばれる自分たちの住む本来の場所を持ち、そこから時に応じて「アイヌモシリ」と呼ばれる人間の国に出かけてくると考えていました。中川はまた、アイヌの異類婚姻譚において「たいていはカムイのほうが人間を見そめるのであって、羽衣説話のように人間のほうから先に神様に惚れる話は、あるにはあるが非常に少ない」と指摘しています（中川 二〇二〇）。

蟹聟

異類婚姻が成就され、人間の妻と動物の夫とのあいだに生まれた子どもも、動物の夫自身も最終的に排除されることはない話が、イヌイットのあいだで伝承されています。そのあらすじは次のとおりです。

事例三六 ―― かにと結婚した女（イヌイット）

昔、美しい妻を持った猟師がいて、その娘はさらに美しかった。多くの若者が求婚してきたが、娘はいつも断っていた。

ある夜、娘の眠っている毛皮の帳《とばり》のかげから奇妙な笑い声が聞こえてきて、両親はとても驚いた。そして、娘が大きなかにと結婚していることを初めて知った。しかし、かには恥ずかしがって人前に出ないで、いつも帳のかげに隠れていた。

冬になり、獲物が捕れずに苦労する時期が始まった。父親は「多くの若者の中にはすぐれた猟師がいたはず。娘がその中から聟を選んでいればよかったのに、役立たずの聟を持って恥ずかしい」と言う。ところが、ものすごい吹雪の日に、外で威勢のよい祝い歌が響き、三頭の大きなフィヨルドあざらしが家の入り口から投げ込まれた。かにの夫が人間の姿をして猟に出かけ、獲物を持ち帰ったのだった。娘はあざらしの肉を家の者に分けてやるように、母親に頼んだ。この時から、かにの夫は妻と妻の両親のために獲物を捕った。そして、一家は何不自由なく暮らした。

やがて、娘は身ごもり、かわいい男の双子を生んだ。そのうち双子は大きくなって、あちこち跳ねまわるようになったが、父親が子どもたちのところへやって来るのを見た者はいなかった。

しかし、ある晩、娘が張ったあざらしの皮の帳の中から楽しげな語らいと笑い声が聞こえてきた。それを聞いた娘の母親は好奇心を起こし、毛皮の帳の穴から寝床をのぞき込んだ。すると、そこでは聟がしきりに笑いこけていた。しかし、その姿は、「大きな眼が頭からダラリと垂れ下がった、しわだらけの小男」だった。母親はそれを見て、驚き倒れ、死んでしまった。

それから後は、若い妻と寝ているかにを毛皮の穴からのぞき見しようなどという考えを起こすものはおらず、かにの夫は妻子ともども幸せに暮らし、家じゅうの者のためにたくさん獲物を捕った。（小沢 一九七七）

かにの夫が醜い姿のままで、幸せな結婚を成就していることが印象的です。この点においては、グリム童話の「蛙の王さま」（事例三〇 73ページ）と対照的と言えます。小澤俊夫は、この話全体の基調として「人間か動物かの区別が問題なのではなく、婿としての役割を果たすかどうか、が問題なのである」という価値観の存在を指摘しています（小澤二〇一四）。異類聟排除の強さという点でみると、事例二一、二二「猿聟」（54、55ページ）や事例二三、二四「蛇聟」（58、60ページ）の対極にあり、異類聟排除の傾向がもっとも弱まった話とみることができそうです。

2 章

異界(異郷)の者との婚姻

水界

異類婚姻《いるいこんいん》といっても、その異類が動物ではなく、人間の日常生活の場とは別の世界からやって来て、人間と（一時的ではあっても）結婚するモチーフを持つ説話群があります。これらを1章と同様に「異類女房《にょうぼう》」と「異類聟《むこ》」に分類することもできますが、ここではその異類たちがどこからやって来るのか、あるいは人間がどこに出かけていって異類と出会うのかということに注目し、「水界」の者との婚姻、「地上にある異界（異郷）」の者との婚姻、「天界」の者との婚姻と三つのパターンに分類して、それぞれの様相をみていきます。

まず、水中や水上の世界に住む者との婚姻のモチーフを持つ話をみていくことにしましょう。日本の昔話では、水中の世界として「竜宮」という異郷が設定されている場合があります。まずはその中で、竜宮《りゅうぐう》に住んでいた娘と結婚するモチーフを持つ「竜宮女房」という話をあげてみましょう。

竜宮女房

事例三七 —— 竜宮女房（鹿児島県喜界島）

家族が死に、母と末の弟が二人で暮らしていた。この弟は花売りをしていたが、ある日、花が売れ残ったので、「竜宮の神さまにさしあげましょう」と言って、海の中に投げ込んだ。すると亀が現れて、男を竜宮へつれていった。

竜宮で三日間遊んで帰る時、神さまが「何がほしいか」と聞くので、男は亀の教えどおり「あなたの娘がほしい」と答え、娘を嫁にもらって帰った。帰ると、妻が竜宮から持ってきた「打出し小槌《こづち》」というものを振って、立派な家と米と倉を小槌から出し、男は一瞬にして大金持ちになった。

妻は大変美しかったので、殿さまが自分のものにしようと男を呼び出した。殿さまは「千石の米をさし出せ」、また「千尋《ちひろ》の縄を納めよ」という難題を出したが、男は妻の知恵で切り抜けた。すると、次に殿さまは、元旦に六百九十九人の家来をつれてごちそうを食べにやって来た。殿さまが「何か芸能を見せろ」というので、妻が小箱を開けると、鉢巻きをした何百人という侍が出てきて、刀を振って殿さまと家来をみんな切り殺してしまった。（関一九七八a）

この「竜宮女房」という話型は、『日本昔話大成』では「異類女房」のグループの中にまとめられているのですが、正体が動物の女や男と結婚する話とは異質な味わいが感じられるのではないでしょうか。この点について『日本昔話事典』では「竜宮からやって

くる女房は異郷の女性ではあるが、他の異類女房譚で蛇や蛙、狐などが人間の女性に変身するのとは異質である。また、異類婚姻譚のほとんどが離別をもって終わるのに対し、本話型の話には幸福な結末を語るものが多い」（黄地 一九七七）と指摘しています。

本章においては、ここで指摘されている異質性を掘りさげていきます。そうすることによって新たな視点から異類婚姻の豊かな広がりを展望していくことが、本書全体の目論見でもあります。

それでは次に、日本における代表的な異郷訪問譚として知られる「浦島太郎」の類話を考えたいと思います。

国定教科書や文部省唱歌で広く知られる「浦島太郎」においては婚姻のモチーフがみられませんが、時代をさかのぼっていくと、古くは異類婚姻譚として伝承されていたようです（三浦 一九八九）。『御伽草子《おとぎぞうし》』の「浦島太郎」のあらすじをみましょう。

浦島太郎

事例三八 ——— **浦島太郎**［写真012］

[写真012]

奈良絵本　浦島太郎　室町時代末期〜江戸時代初期写本

国立国会図書館デジタルコレクションより

奈良絵本としては早い作例で、本文に紹介した御伽草子「浦島太郎」とは、少し内容が異なる。龍神の化けた乙姫が自分を騙し、海へ引き入れるのではないかと疑った浦島が櫓で乙姫を打とうとする。乙姫は、大王が浦島太郎を龍宮へ招待している旨を伝える。浦島太郎は龍宮で手厚くもてなされるが、やがて望郷の念から、乙姫に貰った玉手箱を開き、鶴に姿を変え、乙姫も亀となって浦に浮きあがり、再会した二人は日本で一万歳を経たという話になっている。

昔、丹後《たんご》の国（京都府北部）に浦島太郎という二十四、五歳の若い男がおり、漁によって両親を養っていた。

ある日、太郎が釣りをしていて亀を釣ったが、亀は長寿のめでたい生き物なので海に帰してやった。翌日、太郎が漁の準備をしていると、船が難破して漂流してしまったという美しい女が小舟に乗って近づき、里まで送ってくれと言って泣くので、太郎は女の舟に同乗して送ることにした。そうして、十日ほどの船旅を経てついた世界は、言葉にもできないすばらしいところで、太郎はそこで女と夫婦の契《ちぎ》りを結んで暮らすことになった。そこは龍宮城というところで、四方に春夏秋冬が同時に存在するという不思議な世界。太郎は三年間を夢中で過ごした。

ある日、太郎は両親のことが気にかかり、女に暇乞《いとまご》いを申し出ると、女は悲しみ、自分は以前に助けられた亀で、恩返しのために夫婦になったのだと告白した。そして、決して開けてはならないと言って、きれいな箱を太郎に渡した。

故郷へ帰ると、すっかり様子が変わっていた。不思議に思った太郎がそばにあった家を尋ねると、太郎という男がいたのは七百年も前のことで、太郎の墓だという古い塚が残されていると、古老が教えてくれた。驚いた太郎は、その古塚に行って時間の経過をさとり、やけになって女のくれた玉手箱を開けてしまった。すると、中から紫の雲が出て、たちまち太郎は老人になってしまった。そして、太郎は鶴になって飛びあがり、ついには丹後で「浦島の明神」として祀られ、龍宮の女も亀となって現れて、夫婦の明神になった。めでたいことである。

最後は、現地で「浦島の明神」として祀られるという伝説の形にまとめられていますが、話の大きな枠組みとしては異類女房譚になっています。異郷での幸福な結婚生活が一定期間続きますが、結末は別離で終わります。そして、話の転換をもたらす小道具（呪具）として「玉手箱《たまてばこ》」が登場し、のちの童話化の過程で、この玉手箱のエピソードがクローズアップされていくことになります。

さて、この「浦島太郎」と似た話がアイルランドで広く語り伝えられています。そのあらすじをみましょう。

事例三九 —— オシーンと常若の国（アイルランド）

ある日、フィアナ戦士団の英雄フィンは、息子のオシーンとともに狩りに出かけた。彼らが獲物の鹿を追って森のはずれの湖畔まで来ると、霧が立ち込めてきた。そこへ一人の美しい女性ニアヴが白馬に乗って現れ、オシーンに向かって「わが父の国へ行きましょう。そして、あなたはその国の王となり、私は王妃となるのです」と誘いかけた。オシーンは承諾して、二人で白馬に乗って湖から下流へとくだり、見知らぬ国の海岸にたどりついた。

そこは「常若《とこわか》の国」と呼ばれ、常に美しく、実り豊かで、時間が流れない不老長寿の国であった。二人は結婚式を挙げ、幸せに暮らしていたが、オシーンは時間の感覚がないことに次第に不満を感じるようになり、昔の仲間たちや家族をなつかしく思い始めた。ニアヴは不本意ながらも、オシーンに白馬を貸し与え、「決して馬から降りてはなりません。もし大地に足が触れたら、もう二度とこの国には戻れなくなります」と強く警告して、送り出した。

オシーンが故郷に戻ると、様子がすっかり変わっていて、知っている人を見つけることができない。馬を進めていく途中で、石を動かしていた数人の男たちに話しかけると、フィアナ戦士団はずっと昔の戦いで死に絶えて、今は伝説が残されているだけだと言う。オシーンは愕然として、馬を駆けさせようとした瞬間に馬の腹帯が切れて、浜辺の砂の上に転げ落ちてしまった。そのとたんにオシーンは数百歳の老人になってしまった。（鶴岡 二〇〇〇）

話の基本的な構造は「浦島太郎」と共通していますが、常若の国は海上に想定されています。人間の生活世界と結婚相手の住む異郷とで時間の流れが異なっているという設

定は、二つの話に共通の枠組みになっています。臨床心理学者の河合隼雄は、キリスト教以前のヨーロッパにも日本と同じように幸福な結婚で終わりにならない展開を持つ話があるのではないか、という関心から、ケルトの伝承に注目しています。そして、ケルトの文化が色濃く残るアイルランドにおいては、現世と異なる「異界」が存在するという感覚が身近なところに存在していて、語りにおいても「常若の国」のリアリティが生み出されていることを指摘しています（河合二〇一〇）。

一方、日本の近代文学の世界になりますが、泉鏡花《いずみきょうか》の戯曲『海神別荘《かいじんべっそう》』は、海中の異界における異類婚姻のモチーフを中心とする話になっています。

事例四〇　海神別荘

海底の国をおさめている公子がある美女を見初めた。この美女が人間界から輿《こし》入《い》れするというので、僧都《そうず》や侍女たちは浮き立っている。僧都は、美女の親が娘を公子にやる代わりにと望んだわたつみ（海神）の財宝の数々を読みあげる。その頃、海底の国の女房に導かれて公子のもとへと向かっていた美女は、自分の運命に戸惑っていたが、女房は、あなたはすでに公子の新夫人でありもはや人間ではないと言って、道を急がせる。

そうするうちに、美女は公子のもとに到着する。故郷の人に生きていることを知らせたいと何度も美女が頼むが、公子は、今では地上の人の目から見るとあなたの姿は美しい蛇にしか見えないのだと話す。しかし、美女はこれを信じようとせず、とうとう公子は一度故郷へ帰ることを許した。

しばらくして地上から帰ってきた美女は、公子の言うとおり、もはや自分が地上の人の目には大蛇にしか見えなかったと言って、泣き伏した。公子は不機嫌になり、「ここでは悲哀は許されない」と言うのだが、美女は、「これはすべてあなたの魔法によるものだ」と言って公子を責める。それを聞いて激怒した公子は、騎士たちに美女を殺すように命じる。しかし、美女が公子自身の手で殺してほしいと言うので、公子が刀を振りあげると、その颯爽《さっそう》とした姿に見惚れた美女は、「公子の気高さ、美しさを初めて見た」と微笑んで言う。その様子を見た公子は美女を許し、行く末を誓いあい、互いの血を杯に取って飲み干した。(泉 一九九四)

ここでは、人間の女性が海底の世界に住む男性と結婚するという「異類聟型」の話になっています。そして、結婚の場は海底の世界であり、一度故郷に帰るというモチーフはあるものの、最後は人間の女性と異界の男性の結婚が海底の世界で成就されます。そのストーリーの中で美女が、「地上の世界では蛇の姿になっている」というモチーフに注目しておきたいと思います。

それに対して、ドイツ・ロマン派の作家フケーの小説『ウンディーネ』では、水の精である女性ウンディーネと騎士フルトブラントの「異類女房型」の異類婚姻のいきさつと展開が語られます。

事例四 ウンディーネ（水の精）

［103ページ写真013］

人里離れた岬で老いた漁師が釣りをしていると、不吉なものが棲むと言われる森を通り抜けて騎士フルトブラントが現れ、一晩の宿を求める。フルトブラントは、老夫婦の養子である不思議な少女ウンディーネと出会い、たちまち恋に落ちた。翌日から大水が起こってフルトブラントは漁師の家を出られなくなるが、その滞在のあいだにウンディーネとの仲を深め、ついには彼女と結婚することが決まる。結婚の翌日、ウンディーネは、自分の正体は水の精であり、大水などの不思議な出来事は自分の仕業だと打ち明けるが、それでもフルトブラントは変らぬ愛を誓い、ウンディーネを妻として町へつれ帰った。

町では、もともとフルトブラントのことを慕っていた貴婦人ベルタルダが彼を待っていた。フルトブラントがウンディーネをつれて帰ったことで彼女は失望するものの、ウンディーネとは気があい、打ち解けた仲となる。しかし、ある出来事をきっかけにフルトブラントはベルタルダとともに自分の城に引きこもってしまった。

城で生活するうち、フルトブラントの心は次第にベルタルダのほうへ傾いていく。その後、三人でウィーン旅行に行った際についフルトブラントは「水の上でウンディーネを叱ってはいけない」という精霊界の掟《おきて》を破ってしまった。ウンディーネは掟にしたがい、嘆きながらフルトブラントのもとを去り、水の中へ帰っていった。

ウンディーネを失ったフルトブラントは、やがてベルタルダと婚礼の式を挙げてしまい、ウンディーネは精霊界の掟にしたがい、フルトブラントの命を奪わなければならなくなる。花嫁の寝屋に向かおうとするフルトブラントだが、その前に現れたウンディーネと口づけを交わしながら、その腕の中で息絶えた。（識名二〇一六）

ウンディーネは、この物語の主人公の固有名詞であるとともに、ドイツ語において「水の精」を意味する普通名詞でもあります。この小説におけるフケーの構想について、翻訳者の識名《しきな》章喜《あきよし》は次のように述べています。

[写真013]

ウンディーネ（Undine）

フーケ著『ウンディーネ』（1909年）　挿絵 アーサー・ラッカム画

The fourteenth illustration by Arthur Rackham for Friedrich de la Motte Fouqué's 1909 publication, Undine.

フケーが基本構想に据えたのは、水の精と一緒になった人間が不実を働くと、死をもって復讐される、パラツェルズスの『妖精の書』に紹介されていた「シュタウフェンベルクの水の精の話」である。シュタウフェンベルクの町に美しい水の精が現れ、狙いをつけていた男を待ち受け、その美貌で首尾よく一緒になる。だが男は他の女に気移りし、水の精を悪魔と思うようになった。冷たくあしらわれた水の精は、誓いを破った男の婚礼の当日、天井裏を抜け、男の前に現れ太腿を見せて誘惑した。すると男はその三日後に亡くなった。（識名二〇一六）

この話では、水の精が人間界にやって来て、一旦は結婚を成就しますが、最後には破局が訪れます。それも、水の精の復讐という形で人間の男は殺されてしまいます。ここでは、異界の存在は、人間にはコントロールできない力を持つと位置づけられていることがポイントです。

地上にある異界

木霊女房

伝承の世界においては、地上にも異界の存在が想定されていたようです。日本においては、樹木などの植物も精霊が宿る場所と考えられていました。そのような民間信仰を背景としたものには「木霊女房《こだま》」や「木霊聟《むこ》」の話がありますが、例として、ラフカディオ・ハーン（小泉八雲《こいずみやくも》）の『怪談』に収録された「青柳《あおやぎ》の話」のあらすじを紹介しましょう。

事例四二　木霊女房①（青柳の話）

友忠《ともただ》という若侍がいた。厳寒の一夜、雪に立ち往生した友忠は、柳の木陰の民家に助けを求めた。その家には老人夫婦と青柳という美しい娘がいて、友忠をもてなし、一晩泊めてもらうことになった。友忠は娘の尋常ではない美しさに強く惹かれ、娘を嫁にもらいたいと申し出た。老夫婦はそれを快く受諾し、友忠は青柳をつれて国元に戻った。

当時の習慣では、主君の許可なく妻帯することは許されず、友忠が苦慮していたある日、御殿に呼び出された。死罪を覚悟していた友忠だったが、殿さまは寛容にも二人の仲を認めてくれた。

　二人はその後五年間、平穏に暮らしていたが、ある朝、青柳は急に苦しみ始め、お別れの時がきたことを友忠に告げた。そして、自分は人間ではなく木の精であり、今誰かが私の木を伐《き》り倒そうとしているので、自分は死んでいくしかないことを告白した。そして、青柳の体は消え失せ、畳の上にはもぬけの殻となった着物と髪飾りが落ちているだけだった。（上田 一九七五）

　この話も「異類女房」型で、一定期間の結婚生活が成就されますが、最後は悲しい別れにいたります。このような「美しく悲しい別れ」を小澤俊夫は日本昔話の特徴として指摘していますが（小澤 二〇一四）、河合隼雄は、それをケルトと日本の伝承に共通するものとして捉え、アイルランド人の父を持つハーンは、それゆえに「悲しみをたたえた」日本の伝承説話に惹きつけられたのだろうと推定しています（河合 二〇一〇）。

　この木霊女房の話は、文楽《ぶんらく》や歌舞伎の人気演目である「三十三間堂《さんじゅうさんげんどう》棟《むなぎの》由来《ゆらい》」においても、そのストーリーの軸となっています。

事例四三 —— 木霊女房②（三十三間堂棟由来）

熊野《くまの》（和歌山県南部、三重県南部）特有の梛《なぎ》の木。それと柳の木が互いの枝を伸ばして絡みあう「連理《れんり》」の状態になっていた。この連理の形は男女の交わりにも似たもので、その光景を見た修験者の蓮華王坊《れんげおうぼう》は、行場の穢《けが》れであると二本の枝を切り離した。

梛の木は、その後、現世で人間の横曽根平太郎に生まれ変わったが、柳の木は人間に生まれ変わることができなかった。そこで柳の精は、人間となった平太郎の妻になろうと、お柳という人間に姿を変えた。

その平太郎とお柳が夫婦になって五年、みどり丸という子どもも生まれ、幸せな生活を送っていた。この頃、都にいる白河法皇には頭痛の病があった。その法皇こそ、梛と柳を切り離した蓮華王坊の生まれ変わりで、王坊は二つの木の恨みで非業の最期を遂げていた。そして、亡くなった王坊のドクロは楊枝村の柳の木にとどまっていたため、柳が揺れるたびに、法皇は頭痛の病を起こした。

そこで、その病を取り除くため、柳の木を伐り倒し、その木材をドクロを納めるお堂、三十三間堂（蓮華王院）の棟木《むなぎ》にすることにした。お柳は柳の木の精なので、柳が伐り倒されてしまえば死んでしまう。お柳は自身の秘密を平太郎に打ち明け、所持していたドクロを夫に渡し、これを都に持参して出世して欲しいと話す。そして、お柳は姿を消す。伐り倒された柳は都へと曳《ひ》かれていった。

芝居の演目として人気を博したということは、観客の琴線《きんせん》に触れる要素を、この物語が持っていた証です。樹木に霊が宿るという考えが、日本人にとってはリアリティがあり、また、「悲しい別れ」に心がジーンとする感覚を、当時の観客が保持していたこと、そしてそれが現在にも引き継がれていることを、この物語の枠組みから感じ取ることができます。

瓜子姫

昔話として日本で幅広く伝承されている「瓜子姫《うりこひめ》」も異類婚姻のモチーフをかつては持っていたのではないかと指摘されます（柳田 二〇一三）。たとえば、『御伽草子《おとぎぞうし》』の「瓜姫物語」には、最後に結婚のモチーフがつく形で話が展開しています。

事例四四 ―― 瓜姫物語

大和の国石上《いそのかみ》（奈良県天理市）のあたりに瓜を作って生計を営んでいる翁《おきな》と媼《おうな》がいた。子どもがないのを嘆いていたが、ある時、瓜畑で美しい瓜を一つ見つけ、家に持って帰った。塗桶《ぬりおけ》の中に入れておいたが、しばらくして桶を開けてみると、見《み》目《め》形《かたち》の美しい姫君になっていた。

姫君はさらに美しく成長し、これを聞いた守護代が妻にと所望して、やがて嫁入りすることになったのだが、「あまのさぐめ」という女がこれを知り、翁と媼の留守中に姫君を誘い出して木の上に括りつけ、自分が姫君に化けて嫁入りしようとした。しかし、輿《こし》に乗っていく途中で、避けて通るはずの木の下道を通ったところ、姫君がすり替わっていることを鳥が歌で教えたので、供《とも》の人々は木に括られた姫君を発見し、あまのさぐめは捕えられて、引き裂かれた。すすきの根元が赤く、その花の咲き始めも赤いのは、あめのさぐめの血にそまったためだという。

姫君は守護代の妻となり、若君も生まれて楽しみ栄え、翁と媼も領地をもらって富み栄えることになった。（大島 一九七四）

瓜子姫は『日本昔話大成』の分類では「誕生」のグループにまとめられていますが、最後の結婚のモチーフを重視すれば異類婚姻譚のグループに含めることもできます。

この話の場合、「あまのさぐめ」という敵対する存在が撃退される部分がクローズアップされていますが、最後は幸福な結婚で終わっていて、木霊女房の例とは異なり、異類性は強調されていないと考えることができます。

天界

天上にも世界があることを想定し、地上の世界の存在と天上の世界の存在のあいだの婚姻をモチーフとする一連の話があります。このタイプの話は世界的に幅広く伝承されています。

天人女房

日本の村落社会で伝承されてきた「天人《てんにん》女房」の例をみましょう。

事例四五　天人女房（島根県松江市）

昔あるところに炭焼きの男がいた。ある時、美しいお姫さんが天から舞い降りて、羽衣《はごろも》を木の枝にかけ、水浴びをしていた。それを見た炭焼きの男は、出来心でその羽衣がほしくなり、家に持ち帰った。

お姫さんは水からあがると羽衣がないので、煙が見える炭焼きの男の家を訪ねた。男は知らないふりをしたのだが、お姫さんが嫁にしてくれと頼み込むので、二人は夫婦になった。それからというもの、男は毎日はりきって炭焼きに行くようになり、三年目には男の子が生まれた。

ある時、その子が羽衣を見つけ、母親であるお姫さんに知らせた。すると母親は男に別れを告げ、「あなたも天に来たかったら、私が植えた木に毎朝一斗《と》、七斗になるまでお酒をそそぐようにしてください。そうすれば、この木が天に届きます」と言って、羽衣を身にまとい、息子を小脇にかかえて天に昇った。

男は言われたとおり六日目まで酒をそそいでいたが、早く天に昇りたいとあせって木に登り始めた。しかし、木はもう少しのところで天に届いていなかったので、息子の名を呼ぶと、息子は長い布を天から降ろして父を引きあげた。すると、天人の女房が出てきて、舅《しゅうと》が難題を出すが、それに対してあきらめずに対応するようにと男に言い渡した。男は、八斗の粟《あわ》を八反《たん》の畑に播《ま》く難題、その粟を一粒残らず拾って八斗の枡《ます》に回収する難題を天人女房の助力によって解決したが、最後の瓜とすいかを取ってくるという難題の際に、天人女房の助言に反して瓜を一つ食べてしまったので、そこから大水が出て川となり、二人を隔ててしまった。さらにこの時、天人女房が毎月の七日に会おうと言ったのを聞きそこね、男は「七月七日に会おう」と答えた。それ以来、二人は年に一度、七月七日にしか会うことができなくなってしまった。（田中・酒井 一九七四）

一般的に、日本の「天人女房」の昔話は、細部に多少の違いはあっても次のような筋の展開をたどります。

①男が天女の羽衣を奪い隠す
②羽衣を奪われた天女は男の妻になる
③子どもが生まれる
④子どもが羽衣を発見して、母に告げる
⑤天女は、男に天に昇る方法を教えた後に、羽衣を着て子どもとともに天に昇る
⑥男が天に昇ってくる
⑦男は、舅の出す難題を妻の助力で解決する
⑧最後の難題の際に大水が出て、二人は別れ別れになる
⑨男が毎月七日を七月七日と聞き違え、二人は年に一度、七月七日にしか会うことができなくなる

「天人女房」は、ヨーロッパの昔話にしばしばみられる「妻探索行」のモチーフを持ち、その点では、日本においては珍しい話型であることが指摘されています（小澤 二〇一四）。それに加えて、この話の展開の中で、天人女房はふつうの人間の姿をしており、羽衣の着脱が地上の世界と天界を分ける重要なモチーフになっていることがポイントです。そ

の羽衣着脱のモチーフはありませんが、天人女房と似通った筋の展開をたどるものに「竹姫（かぐや姫）」の昔話があります。この話の枠組みは、日本最古の物語文学とされる『竹取物語』と共通するものです。文字に記された『竹取物語』［写真０１４］のあらすじをみてみましょう。

事例四六　竹取物語

昔、竹取の翁という者がいた。ある日、幹の光っている竹があった。中を見ると可愛らしい小さな女の子がいたので、つれて帰った。その子は日増しに美しく成長し、「なよ竹のかぐや姫」と名づけられた。また、翁は竹の節の中に黄金を見つけることが多くなり、お金持ちになった。

姫のうわさは国中に広まり、五人の身分の高い男が熱心に求婚した。姫はそれぞれの求婚者に結婚の条件として解決不可能な難題ばかりを出したので、五人とも失敗に終わった。そして最後には、帝が姫を所望することになった。姫が物思いに沈んでいるので翁が問いただすと、姫は、「自分は、実は月の都の人であり、八月十五日には迎えの使者がやって来て、月に戻らねばならない」と言った。その夜、帝の命令で二千もの兵士が翁の家を守っていたにもかかわらず、姫は空を

[写真014]

絵巻　竹取物語

国立国会図書館デジタルコレクションより

飛ぶ車に乗って昇天した。姫は別れの手紙と不死の薬を残していったが、帝は手紙も薬も駿河《するが》（静岡県）にある山の頂に投げ込んでしまった。（室伏 二〇〇一）

この『竹取物語』と「天人女房」の筋立てを比較すると、まず、難題の位置づけが異なっていることが注目されます。『竹取物語』においてはかぐや姫自身が難題を出す一方、「天人女房」においては舅が難題を出しています。次に、『竹取物語』においては難題は解決しませんが、「天人女房」においては女房の助力によって難題が解決されます。また、「天人女房」の難題は他の昔話にもみられる定番的なものですが、『竹取物語』の場合は実にユニークな趣向がこらされています。さらに、『竹取物語』においては、それぞれの難題解決失敗の後に滑稽味を加えた結びが添えられていることにも、文字の文芸としての工夫が感じられます（野口 一九七九、高橋 一九九六参照）。

また、天上の世界の位置づけにも違いがみられます。『竹取物語』の異界（月の世界）は、人間が行き来することのできない隔絶したものとして位置づけられているのに対して、「天人女房」の場合は、人間の男が天上の世界を訪問することが可能で、人間の男は天上で難題の解決に取り組むことになります。

竹の子童子

一方、『竹取物語』とは男女を入れ替えた形になる「竹の子童子」という話型も『日本昔話大成』において設定・収録されています。婚姻のモチーフはありませんが、紹介しておきます。

事例四七――竹の子童子（熊本県人吉市）

昔、桶《おけ》屋に三吉という小僧がいた。裏の竹山に竹を伐《き》りに行ったところ、どこからか呼ぶ声が聞こえた。三吉が「どこにいるんだ」と尋ねると、「竹の中だ」という返事があった。三吉が鋸《のこぎり》でその竹を伐り倒すと、中から五寸（一五センチほど）ばかりの小さな子どもが出てきた。三吉が手のひらに乗せて事情を聴くと、「竹の子にひっつかまえられて竹の中に入れられ、天に帰ることができなくなっていた」と答えた。名を尋ねると、「竹の子童子だ」と言う。年を聞くと「千二百三十四歳だ」と言う。「すぐに天に帰るのか」と聞くと、「恩返しをしてから帰る」と言って、「竹の子、竹の子、お侍になあせ」という呪文を教えた。三吉がその呪文を口

の中で唱えると、三吉はすぐに本当のお侍になった。そして、童子に礼を言って、武者修行に出かけた。（関 一九七八b）

「竹姫」も「竹の子童子」も、実は村落レベルの口頭伝承としては、あまり類話が多くありません。関敬吾は『日本昔話大成』で、次のような注を書き加えています。

竹の子童子型も竹姫型とともに民間の伝承は私の知る限りでは少ない。しかもいずれも断片であり、資料価値が低い。この二つの昔話は一方は男であり他は女児であるが、いずれも竹取物語、かぐや姫の系統をひくものであろうが、証明は困難である。（関 一九七八b）

ここで指摘されているように事例四六、四七のような話は、日本の民俗社会に定着していたとは言えず、狭い意味の民俗学的研究においては「資料価値が低い」と考えられています。しかし、本書では民俗学的にはマイノリティに属する伝承も、異類婚姻のモチーフを持つ諸説話の相互連関を探るための手がかりとして取りあげています。そのような事例がミッシングリンクとなって、異類婚姻をめぐる新たな想像力のつながりがみえてくるかもしれないと考えるからです。

笛吹聟

『日本昔話大成』においては、「天人女房」の別バージョンとして「笛吹聟」という話型もあげられています。例をみてみましょう。

事例四八　笛吹藤平（岩手県遠野市）

あるところに、笛吹藤平という笛吹きの名人がいた。何年も旅をしていたが、久しぶりに故郷に帰るとすでに両親は亡くなっていて、一人さびしく暮らしていた。そこへどこからか美しい女が訪ねてきて、自分の父親からお前の嫁になれと言いつけられたからと、藤平の家に泊まり、翌日には小袋から銭を出して、藤平に糸を買ってくるように頼んだ。そして、その糸を使って夜昼となく機《はた》を織った。織りあげると、女は藤平に、それを町に持っていって三百両で売ってくるようにと言い、実際にそのとおりの値段で売れた。

ところが、そのことが殿さまの耳に入り、殿さまは藤平からその女房を取りあげようと思った。そして、「灰縄千把《わ》」を上納せよ、「打たん太鼓《たいこ》に鳴る太鼓」を上納せよと難題を出し、解決できなければ女房を取りあげると言ったが、二つとも女房の助けで解決した。

しかし、次にまた「天の雷神を九頭つれてこい」との難題を出され、これには女房の助言で七日の日延べを申し出た。そして、そのあいだに女房は天に昇り、雷神を九頭引きつれて藤平の家に戻った。藤平がその雷神九頭をつれて御殿に行くと、殿さまは家来に雷神たちと遊ばせた。すると、雷神たちは暴れまわり、家来どもは大けがをしたり死んだりした。殿さまは命からがら藤平に助けを求め、雷神をしずめてくれたらこの御殿をお前にやると言う。そこで、藤平は女房ともども雷神を天に送り帰し、藤平夫婦は大変な長者になって、気ままに暮らした。(佐々木 二〇〇八)

「笛吹聟」の話は、一般的には次のような展開になります(関・小澤 二〇一三)。

① 天女が笛吹きの笛の音を聞いて天から降り、その笛吹きと結婚する

② 天女は布を織って、夫に売らせる

③ a 殿様が天女に懸想《けそう》し(思いを寄せて)、夫に課題を課して、果たすことができなかったら女房をよこせと要求する

b 天女の援助によって課題を解決する

④笛吹きは天にのぼる
⑤夫は一切の困難を克服し、女房と再会する

「笛吹聟」の場合、羽衣のモチーフはなく、笛吹きの魅力によって天女が地上に降りてきて、押しかけ女房となりますが、そこで布を織って富を得るという、「鶴女房」と同じモチーフが組み込まれています。その後、事例四八では地上の殿さまの横恋慕と難題という展開になります。その難題の解決に女房が天人であったことが活かされるのですが、最後は一般の天人女房の話とは異なり、幸福な婚姻の継続で締め括られます。

3章

異形の者との婚姻

異形の女房

日本の昔話では、「雪女」「幽霊女房《にょうぼう》」「食わず女房」「河童聟《かっぱむこ》」「鬼聟」など、また、西洋の伝承では、「人魚姫」「美女と野獣」なども、人間と異類の結婚を扱う話ですが、異類の正体は自然界の動物ではなく、さまざまな形態をした異形の存在です。その異形の表象、つまり姿かたちは想像力の働きによるものですが、その表象がそれぞれの社会で伝承されていくためには、その異形の存在の姿かたちに何らかのリアリティが感じられる必要があります。つまり、異形の表象のありようには、その話を伝承している社会の文化が反映されていると考えられます。

この章では、人間と結婚することになる異形の者の諸相を検討していくことにします。

雪女

柳田国男が岩手県遠野地方の伝承などを記した『遠野物語』の第一〇三話には、雪女について次のような記述があります。

小正月の夜、または小正月ならずとも冬の満月の夜は、雪女が出でて遊ぶともいふ。童子をあまた引きつれて来るといへり。里の子ども冬は近辺の丘の上に行き、轣遊《そりっこあそび》をして面白さのあまり夜になることあり。十五日の夜に限り、雪女が出るから早く帰れと戒めらるるは常のことなり。されど雪女を見たりといふ者は少なし。（柳田 二〇〇四）

このように雪国においては、雪女出現の伝承が語り伝えられていました。ラフカディオ・ハーン（小泉八雲）の『怪談』（一九〇四年刊）に収録された「雪女」は、伝承のリアリティをよく伝えています。そのあらすじは次のようなものです。

事例四九 ―――― 雪女［127ページ写真015］

茂作《もさく》と巳之吉《みのきち》という二人の木こりがいた。茂作はもう老人で、巳之吉は十八歳の若者だった。

ある夕方、二人はひどい吹雪に襲われた。川を渡ろうとしたが、渡し守が不在だったので、二人は渡し守の番小屋で夜をしのぐことにした。二人はやがて眠りに落ちたが、顔に雪が降りかかるので巳之吉が目を覚ますと、雪明りの中で、全身まっ白な女が茂作のそばにかがみこみ、息を吹きかけていた。そして、女は巳之吉のほうを向き、彼のそばにかがみこんだ。見ると、目は恐ろしいが、たいそう美しい女であった。女は「お前は若くてかわいいから、今回は助けよう。しかし、今夜のことを誰かに話したらお前の命はない」と言って、姿を消した。茂作は固くなって死んでいた。

翌年の冬のある夜、巳之吉は江戸に行く途中のお雪という娘に出会った。話すうちに二人は惹かれあい、やがてお雪は巳之吉の嫁となって生活を始めることになった。二人のあいだには男女十人の子どもが生まれたが、お雪は母親になっても初めて村に来た日と同じように若々しく見えた。

ある晩、お雪が行燈《あんどん》のもとで針仕事をしていると、巳之吉は「お前の顔を見ると、十八の時の不思議な出来事が思い出される。その時、今のお前とそっくりの色が白くて美しい人を見たのだ」と言った。お雪は巳之吉からさらに詳しく話を聞くと、針仕事を投げ出して立ちあがり、巳之吉に向かって、「それが私だったのです。誰かに話したら命はないと言ったはずです。子どものことがなければ今すぐ殺したところですが、子どもたちの面倒をよくみてやってください」と言い残し、天井へ舞いあがって、煙出しの穴から姿を消した。(上田　一九七五)

天人女房(111ページ)の場合のように妻探索行のモチーフはなく、悲しい別れで終わっている点は、むしろ日本の動物女房譚のパターンと共通しています。一方、人間界

[写真015]

雪女（BLOWING HER BREATH UPON HIM）

ラフカディオ・ハーン著『KWAIDAN：Stories and Studies of Strange Things』（1904年）
挿絵 武内桂舟画

とは別の世界からやって来た女性と人間界で結婚生活を一定期間成就し、子どもが複数生まれた後に、女性が人間界を去るという点では、日本の天人女房の話の展開の枠組みと共通しています。違うのは、雪女の場合、天人女房のように出身の場所としての異界が明らかでないことです。

雪女は結婚生活においては人間の姿で現れてはいますが、茂作を殺す場面の姿からは異形の存在として捉えることができると考え、「異形の者との婚姻」のグループに入れました。

食わず女房

事例四九のような形の「雪女」の話は日本の村落社会で幅広く伝承されていたわけではありません。しかし、次に取りあげる「食わず女房」の話は、日本全国に数多くの類話があります。

事例五〇 ―― 食わず女房①（広島県安芸郡）

　昔、あるところにいつまでもひとり者の男がいた。友人が嫁をもらうことを勧めると、「物を食わない嫁がいたら世話してくれ」と言っていた。

　ある夕方、その男の家に美しい女がやって来て、一晩泊めてくれと頼む。男は「泊めてもよいが食べるものがない」と断ったが、女が「私は物を食わない女なので、泊めてくれ」と言いはるので、泊めることにした。

　女は翌朝になっても出ていこうとせず、いろいろと用事をしてくれるので、男はその女をいつまでも泊めておいた。男は「こんなよい女房はない」と友人に自慢していたが、そのうち仲のよい友人が「お前の女房は人間ではない」と言うので、男は家を出たふりをして天井裏に隠れて見ていた。すると、女は飯を炊いてにぎり飯を三十三個こしらえ、鯖《さば》を三匹あぶった。そして、髪の毛をほどくと、頭の真ん中に大きな口があって、そこににぎり飯やあぶった鯖を投げ込んで、食べてしまった。男は肝をつぶして天井裏から下り、友人のところに逃げていった。

　知らぬ顔をして家に帰ると、女房は頭が痛いと言って寝ていた。友人が祈禱《きとう》師をつれてきて祈禱をすると、女房は「お前たちは見ていたな」と言って、友人を頭から食い始めた。さらに、男を頭の上に乗せて山のほうへ逃げた。途中で男は木の枝にぶら下がって逃れ、蓬《よもぎ》と菖蒲《しょうぶ》の草むらの中に隠れた。女房の鬼は飛びかかろうとしたが、蓬と菖蒲のために近づけない。男が蓬と菖蒲を投げつけると、女

房の鬼は毒におかされて死んでしまった。（関 一九五六）

この話では、食わず女房の正体として「山姥《やまんば》」という言葉は使われておらず、「女房の鬼」と表現されていますが、他の類話においては「山姥」と表現されるケースも多くみられます。

事例五一 ―― 食わず女房②（熊本県球磨郡）

ある男が飯を食わずに働く女房を探していたところ、うまく見つけた。ところが、米が減りすぎるので隠れてのぞいていると、女房が一斗釜《いっとがま》で飯を炊き、にぎり飯にしてぼんのくぼ（首の後ろのくぼんだところ）に打ちつけて食っている。男は恐ろしくなって桶《おけ》に隠れていると、女房がこの桶を担いでいくので、男は途中で譲《ゆず》り葉の枝につかまって逃げた。女房は山姥で、仲間に肴《さかな》を取ってきたと叫ぶが、桶の中は空になっていた。男は山姥に追いかけられるが、無事に逃れる。それからというもの、正月には譲り葉を飾るようになった。（関 一九七八d）

山姥［写真016］については、河合隼雄が「われわれの先祖は、山姥の姿の中に肯定面

[写真016]

北斎季親画　化物尽絵巻　山姥

国際日本文化研究センター蔵

も否定面も、その両面を見、時にアンビバレントな態度をとったものと思われる」と述べています（河合 二〇一七b）。「食わず女房」においては、その否定面が顕著に表れていて、正体が露見した後には異類婚が継続しないという日本昔話の多数派のパターンで話が展開しているとみることができます。

一方、視野を広げると、北米の先住民の伝承の中にも、日本の「食わず女房」と似た話があります。日本の山姥に該当する存在として、顔が二つある「双面《そうめん》」という異形の女性が登場します。その話を紹介しましょう。

事例五二　双面（北米・スー族）

昔、とある宿営地に四人の兄弟が暮らしていた。ある晩、みんなで食事をしている時、テント小屋の前に娘が立っていたので、中に招き入れた。娘は出された食事を食べたが、一言も口をきかなかった。娘はなぜかそのままテント小屋に居ついていたので、兄弟たちは不思議に思い、兄たちが出かける時、留守番の末の弟に、屋根の上に登って、娘の様子を観察するように言いつけた。

娘は一人になると、袋の中から人間の耳を取り出して鍋の中に放り込み、できた料理をおいしそうに食べていた。そのことを末の弟が兄たちに報告すると、兄たちは、娘は人間の耳を食うと言われている「双面」に違いないと判断し、娘が他の女といっしょにたきぎ集めに出かけているあいだに宿営地から逃げ出した。娘は彼らを追いかけてきた。娘の髪はざんばらになって、頭の後ろについている顔があらわになっていた。

四人兄弟が川岸についた時、双面はすぐ後ろに迫っていた。その時、一人のおばあさんが現れて、向こう岸に渡してくれと兄弟たちに頼んだ。兄弟たちは同情して、おばあさんをつれて川を渡った。向こう岸につくとおばあさんは、「私をつれてこなかったら、あなたたちは皆、双面の手に落ちていたでしょう」と言って、川に向かって両手をあげると、水かさが増し、川の真ん中まで来ていた双面は激しい波にさらわれた。

その夜、おばあさんは不意に姿を消し、あとには鹿皮のふとんが一枚残っているばかりだった。（小沢　一九七八）

この話では結婚のモチーフが組み込まれているわけではありませんが、ここで登場する「双面」は、恐怖の対象となる異形の女性という点において「食わず女房」と共通する側面を持っていて、やはり排除・撃退の対象となっています。

幽霊女房

結婚した相手が、実は幽霊だったという話があります。日本で一番有名なのは、中国の小説や深川の米問屋に伝わる怪談などをもとにした怪談噺『怪談牡丹燈籠《ぼたんどうろう》』で知られる新三郎とお露《つゆ》の話でしょう［写真017］。この話はハーンも「悪因縁」というタイトルで語り直しています。そのあらすじは次のようなものです。

事例五三　怪談牡丹燈籠

飯島平左衛門という旗本《はたもと》の娘のお露は、義母との折りあいが悪く、お米という女中とともに別の家で暮らしていた。

ある日、出入りの医者の山本志丈が萩原新三郎という容姿の美しい侍をつれて訪ねてきた。お露と新三郎はひと目で恋に落ちた。別れ際にお露は、「また来てくださらないと私は死にます」と新三郎にささやいた。新三郎はその言葉を決して忘れなかったのだが、一人で会いに行くことは当時の侍の慣例として許されなかったので、医者の志丈について行く機会を待つしかなかった。しかし、その機会は

[写真017]

月岡芳年画　新形三十六怪撰　保多舞とうろう（牡丹燈籠）　1902年刊

国立国会図書館デジタルコレクションより

訪れなかった。二人の恋心をさとった志丈が、平左衛門の怒りを恐れて、新三郎と同行するのを避けていたのである。何カ月たっても新三郎が来ないので、お露は思いやつれて死んでしまい、続いて、女中のお米も後を追うように亡くなった。そして、二人は新幡随院《しんばんずいいん》の墓地にならんで葬られた。新三郎も長く病気にふせっていたが、そこへ志丈が訪ねてきて、お露とお米が亡くなったことを告げ、「娘が焦がれ死にするほどいい男に生まれてくるのも罪ですね」という感慨を述べた。

新三郎はお露の位牌を仏壇に供え、祈り暮らしていたが、お盆の入りの日、新三郎が縁先《えんさき》で涼んでいると、駒下駄《こまげた》の音が近づいてくる。それはお露とお米であり、お米は新三郎に自分たちは逆に新三郎が死んだと聞かされていたと言う。その日から毎晩、同じ時刻にお露はやって来て、二人は深い契りを交わした。

その様子を新三郎の隣家に住む召使《めしつか》いの伴蔵がのぞき見ると、新三郎が抱いているのは「骨と皮ばかりで、顔は真っ青、裾がなくって腰から上ばかり」の女であった。新三郎は和尚の助言によって、家のあらゆる開き口にお札《ふだ》を貼ったので、お露とお米は丑《うし》の刻《こく》ごとにやって来たが、お札の呪力にはばまれて家に入ることができなかった。ところが、伴蔵はお米から百両をもらうのと引き換えにお札をはがし、新三郎が身につけているお守りも抜き取ってしまった。お露とお米はあくる日の夜、新三郎の家に難なく入り込んだ。翌朝、伴蔵が新三郎の家に入ってみると、新三郎は死んでおり、彼の脇には女の骸骨が横たわり、その腕と手の骨は新三郎の首にしっかりと巻きついていた。（上田 一九七五）

幽霊というのは、恨みを持って死んだ者の霊魂がその恨みの対象者のところに現れる現象を形象化したものです。江戸時代には「幽霊画」も多く描かれるようになり、幽霊のビジュアルイメージが日本社会に定着していきました。そのような状況を背景にして、幽霊出現をモチーフにした怪談も多く語られるようになったと考えられます。

『怪談牡丹燈籠』には、幽霊という表象が抜群のリアリティを持って組み込まれています。一般に日本の異類女房譚は別れで終わりますが、異類の女房が人間の男を殺すというパターンは他の類型ではみられません。しかし、恐怖の対象としての女性像という点で、先にみた「食わず女房」との連関を考えることができます。「悲しい別れ」を主題とする異類女房譚とは別の類型が日本にも存在することを、ここで確認しておきます。

姥皮

正体が異形というわけではありませんが、何らかの事情によって異様な姿で暮らしている女性との婚姻譚があります。「姥皮《うばかわ》」という話型にまとめられている話を、異類婚姻譚の周辺にある話という視点からみることにしましょう。

事例五四　姥皮（新潟県見附市）

あるお金持ちの旦那の嫁が、娘を一人生んで死んでしまったので、旦那は後妻をもらうことになった。すると、子どもがたくさん生まれた。最初の娘（継子）を憎んだ後妻は、何とかして家から追い出すように乳母に言いつけた。乳母は旦那と相談して、千両の金をつけて家を出すことにした。家を出る娘に向かって乳母は、「お前はお金もたくさん持っているし器量もよいから、よっぽど用心しないと危ない目にあう」と言って、「姥皮」というものを渡した。それをかぶると、娘は老婆の姿になった。

娘はあちらこちら歩いているうちに、ある町の旦那の家で水仕女《みずしめ》（水仕事をする下女）として雇われることになったが、娘はいつも姥皮をかぶって働いていた。風呂も一番最後に入っていたので、姥皮を脱いでも見つかる心配はなかった。

ところが、ある夜、姥皮を脱いで風呂に入っていると、若旦那がそれを見つけ、それ以来、若旦那はその美しい女を想い続けて、病気になってしまった。占うと

「若旦那には気にいった者がいる。その者と添わせたらこの病気は治る」と言う。そこで、一人ひとり、若旦那と面会したが、誰も気に入った者ではなかった。最後に、姥皮をかぶった娘の番になった。老婆の姿をした娘は辞退していたが、とうとう若旦那と面会すると、すぐに見破られてしまった。姥皮を取ると、若くて美しい女となり、若旦那と結婚していつまでも幸せに暮らした。（関 一九七八c）

世界中に分布しているシンデレラ型の話の一つですが、それをかぶると老婆の姿になる「姥皮」というユニークな仮装の道具が登場します。若い娘が姥皮を脱いで美しい姿になるという発想については、「天人女房」（111ページ）の羽衣《はごろも》との連想も働きますし、動物が皮を脱ぐと人間の姿になるという北方民族系の語りのモチーフとのつながりも考えられそうです（萩原 一九九六、花部 二〇二一 参照）。姥皮はシンデレラ型の話の一つのモチーフですが、その変身のありようは異類婚姻譚とのつながりを想起させます。

鉢かづき

同じくシンデレラ型ですが、頭にかぶった鉢が取れなくなって、結婚前の娘が異様な姿で暮らすというモチーフを持った話があります。『御伽草子《おとぎぞうし》』に収録された話では、河内《かわち》国交野《かたの》（現在の大阪府交野市、枚方市、寝屋川市の一部）が舞台になっていて、大阪府寝屋川市は「鉢かづき姫」をモチーフにした「はちかづきちゃん」をマスコット・キャラクターとして活用しています。

事例五五　鉢かづき［写真018］

それほど遠くない昔のこと、河内の国の交野のあたりに住む備中守《びっちゅうのかみ》さねたかは、かねてから願っていた姫を得た。ところが、母が死なんとする時に、長谷《はせ》の観音に祈願して姫の頭にかぶせた鉢が取れなくなってしまい、姫は「頭は鉢、下は人」という姿になった。

母の死後、姫は継母の讒言《ざんげん》で野に捨てられ、絶望して川に身投げしたのだが、頭の鉢のために沈まずに流されて舟人に救出された。その後は山蔭《やまかげ》の三位中将《さんみのちゅうじょう》に拾われて、湯殿《ゆどの》の火焚きとなった。そのうち、中将の四男の宰相《さいしょう》が姫に思いを寄せるようになり、そのことが親に知られて嫁比べが計画される。姫と宰相が家を出ようとする時に鉢が割れ、中からさまざまな衣裳や宝物が出るとともに、姫の美しい顔も現れて、二人は面目をほどこした。

[写真018]

三草紙絵巻　はちかづき　部分

国立国会図書館デジタルコレクションより

そして二人は結婚し、長谷観音にお礼参りに行った時、姫は修行者となって長谷寺に来ていた父と再会し、子孫も繁盛することになった。（大島 一九七四）

ここでは「頭は鉢、下は人」という形で、鉢かつぎ姫が形象化されていることに注目です。つまり、「体の半分が人間で、半分が異類」という表象のあり方です。この体の半分が異類というパターンは、ヨーロッパでは「人魚」系の伝承として現れます。

メリュジーヌ

メリュジーヌの話は、フランスの中世社会を背景にした妖精譚です。では、まずあらすじを紹介しましょう。

事例五六　――――**メリュジーヌ**［144ページ写真019・020］

レモンダンという貴族が伯父とともに狩りに出た時、誤って伯父を射殺してしまった。絶望したレモンダンが森の中をさまよっていると、泉のそばでメリュジーヌという美しい乙女に出会った。彼女はレモンダンの身に起こったすべての不幸を知っており、自分と結婚してくれるならば、あなたを助け、領主にもしてあげると言う。ただし、土曜日には彼女を探したり、彼女がしていることを詮索したりしないという条件がつけられた。

二人は結婚し、繁栄がもたらされた。森を開墾し、あちこちに城を建て、修道院を作り、いくつもの町を開いたのである。そして、二人のあいだには十人の息子が生まれたが、ただ奇妙なことに、彼らのうち八人の顔には動物のような大きな歯や耳、一つ目、三つ目など常人とは異なる特徴があった。彼らはそれぞれ、各地の領主となった。

土曜日ごとに、部屋にこもるメリュジーヌに不信の念をいだいた兄の助言により、ある土曜日に、レモンダンはそれまで固く守っていた約束を破って、妻の部屋をのぞいてしまった。そこで目にしたのは、上半身は人間であるが下半身は蛇の尾を持つ妻の姿であった。その後、修道院入りをめぐるトラブルで息子が死亡した時、レモンダンはその責任を妻に転嫁《てんか》し、「邪悪な雌蛇め」と人前で妻を激しく罵《ののし》った。正体を暴露されたメリュジーヌは、巨大な蛇の姿になって、窓から姿を消した。（山内 二〇二〇）

[写真019] [写真020]

メリュジーヌ

上／P.クリスチャン著『Histoire de la Magie』
挿図 エミール・バイヤール画（1884年）

下／『メリュジーヌ物語』 挿図 クードレット画

この例では「見るなの禁止」が、話の展開の大きな枠組みとなっています。そして、その禁止を破って見てしまった妻の正体が、「上半身は人間で、下半身は蛇の尾を持つ」という姿で表現されます。また、二人のあいだに生まれた子どもたちの顔に常人とは異なる特徴があったことにも注目しておきます。

人魚女房

次に、人魚の伝承を紹介しましょう。人魚と王子さまの恋物語は、現在ではディズニー映画の『リトル・マーメイド』によって、世界中に幅広く知られています。そのストーリーの枠組みは、デンマークの童話作家アンデルセンの『人魚姫』にもとづいています。これはアンデルセンの創作ですが、ヨーロッパの人魚伝承のモチーフに影響を受けて創作され、私たちの心の深いところに訴える物語になっています。

事例五七 ―――― 人魚姫（アンデルセン童話）

―　海中に、六人の人魚の姉妹が暮らしていた。彼女たちは十五歳になると、海上に浮きあがることを許されており、姉たちはそこで見たことを妹たちに報告していた。末の姫（人魚姫）が海上にあがった時、美しい人間の王子を見て恋心をいだいた。

ところが、その夜の嵐で船が難破し、王子は意識を失って海に放り出された。人魚姫は海中から彼を救出し、浜辺に運び、様子を見ていたところ、近くの修道院の女性が王子に気がつき、建物の中に運んでいった。人魚姫は悲しい思いで海中に戻った。

このことをきっかけに、人魚姫は人間の世界に強い興味を持つようになり、おばあさまに、人間について聞いてみた。するとおばあさまは、「三百年生きられる人魚と比べて人間は短命だが、死ねば泡となって消える人魚と違い、人間には不死の魂というものがあり、その魂は天国に昇って行くことができる」と言う。それを聞いた人魚姫は、魂を授かりたいと思い、それを得る方法を尋ねた。おばあさまは、「人間の誰かが、誰よりも深くお前を愛し、結婚することになれば、その魂がお前の体の中にも伝わる」と答えた。

王子をあきらめきれない人魚姫は、魔女のところへ行き、自分の美しい声を失うことと引き換えにして、尻尾を美しい二本の脚に変える薬を作ってもらった。「その薬を飲むと、二度と人魚に戻ることはできず、歩く時には一足ごとにナイフを踏むような痛みを感じるようになる」と言われたが、人魚姫の思いは強く、魔女に自分の舌を切り取られた後に、魔女からもらった薬を、王子のいるお城を見あげながら飲み下した。すると、気が遠くなって、その場に倒れてしまった。

人間の姿で倒れていた人形姫は王子に発見され、宮殿につれていかれた。人魚姫は歩くたびに激痛におそわれた。しかし、その美しさが王子の心をつかみ、人魚姫はいつも王子のそばで暮らすようになった。ところがそのうち、王子と隣国の王女との縁談が持ちあがった。王子が王女と会うと、その王女はかつて船が難破した際に助けてくれた修道院の女性であることがわかり、二人は結婚することになった。

王子が他の女性と結婚すると、飲んだ薬の効果によって、その翌朝、人魚姫は死んでしまうことになっていた。王子と王女の結婚式が終わり、船べりで絶望の思いに閉ざされていた人魚姫のもとへ、姉の人魚たちが現れて、「これで王子の心臓を突き刺し、王子の血を浴びれば人魚に戻れる」と言って、魔女からもらってきたナイフをさし出した。そのナイフを手に、人魚姫は眠っている王子を見つめると、ナイフを持つ手がふるえた。が、すぐにナイフを波間に投げ捨てて海の中に飛び込んだ。しかし、そのまま死んでしまうのではなく、人魚姫は空気の精霊たちとともに空へと昇った。「空気の精霊は暑い国で人間たちに涼しい風を送り、人間たちを元気にしてあげます。そのような善行を三百年続けると、死ぬことのない魂を授かることができます」と空気の精霊たちは言う。人の目には見えない存在になった人魚姫は、ほかの空気の精霊たちとともに、空にただようバラ色の雲のほうへと昇っていった。（大畑 一九八四）

この作品では、人間の世界と人魚の世界が対比的に描かれています。両者のあいだでの異類婚姻が成しとげられるためには、人魚の側が大きな代償を払う必要があり、また、再び人魚の姿に戻ることはできないという設定です。エンディングの空に昇っていくシーンには、キリスト教の世界観の影響がみられます。異類婚姻譚の類型としては、異類から人間への変身は成就されるが、最終的に結婚は成就されない形になっています。ここにヨーロッパの口頭伝承における一般的な展開と、文学作品の位相の違いがみられることに注意しておきたいと思います。

一方、韓国でも「下半身は人間の体ではない」人魚の話が伝えられています。一時的な出会いであり、婚姻譚にはなっていませんが、人魚との出会いが富をもたらすという形で物語が設定されています。あまり伝承数が多くないので、この人魚の表象の由来は定かではありませんが、東アジアにおけるユニークな伝承として、例にあげておきましょう。

事例五八――人魚女房(韓国・慶尚南道)

昔、貧しい漁師がいた。

ある日の夕方のこと、浜辺を歩いていると、岩の上に一人の女が座っていた。彼が近寄って見ると、とても美しい女であった。漁師は、女があまりに美しかったので不意を襲って彼女を抱きしめ、関係を持った。その後で見ると、彼女の下半身は長い尾のようであり、彼女が人間ではなくコニョ(人魚)だと悟ったが、彼女の姿はもはや海の中に消えていた。

それから一年が過ぎた夕方近くに、漁師が同じ場所に行くと、コニョは赤子を抱いて乳を飲ませていた。漁師がびっくりしていると、彼女はやさしい声で、「どんな手段を使っても、このあたりに漁場を設けなさい」と言い、また海に消えてしまった。

漁師はその日から、村の人たちから金を借り集めて、ようやく漁場を設けた。するとその夜、にわかに騒ぎ声がする。漁師が不思議に思って漁場に行くと、魚がこぼれんばかりにひしめきあっていた。彼は毎晩、その魚を捕って、やがて大金持ちになり、一生を幸せに暮らした。それで、人々はコニョと関係を持てばよいことが起こると信じている。(崔・厳二〇一三)

異類との出会いをきっかけに富がもたらされるというモチーフに注目すると、事例一九のサハリン・アイヌの「熊女房」の話と共通の枠組みを持っています。別れで終わるものの、悲しみをたたえた終わり方ではなく、富の給付を通じて人間と異類の関係が継続している点に注目しておきたいと思います。

異形の夫

一寸法師系の話

事例五九――すねこたんぺ（宮城県栗原市）

爺婆は子どもが欲しくて、神さまに願《がん》をかけた。すると、毎日脛《すね》にたんぺ（つば）をつけろと言われ、そのとおりにしていると脛から小童が生まれた。爺婆は「すねこたんぺ」と名づけて育てたが、少しも大きくならない。しかし、商いが上手で魚屋をして暮らしていた。

ある家で魚と米を交換し、その家に泊まったことがあった。そして、皆が寝ているあいだに、すねこたんぺは、そこの家の娘の唇に米をかみつぶして塗り、米を盗まれたと言って泣いた。それで、娘は家を追い出された。すねこたんぺは、娘をつれて帰る途中、川に飛ばされて鮒《ふな》に飲み込まれた。娘が鮒を持って実家に帰り、その鮒を割くと、中からすねこたんぺが出てきて、りっぱな若者になり、二人は結婚した。（関一九七八b）

話の型としては事例二八の「田螺《たにし》息子」（69ページ）と共通の枠組みを持っています。ただ、この事例の場合、婆の脛から生まれるという奇抜な形式で、その後も「少しも大きくならない」という設定です。このような形象のあり方を柳田国男は「小さ子」と名づけ、日本の口承文芸の大きな特徴をなすものと位置づけました。また、「神さまに願をかけて」生まれたという部分にも注目が必要です。

柳田は、この種の異常誕生の物語の要点の第一は、「貴き童児が信心ある者の希望に応じて与えられること」であり、そのことを示すために「ほとんど人間の空想し得る限りの、あらゆる信じがたい出現の方式が語られたのであろう」と述べています（柳田 二〇一三）。

本書では、「異形」という視点から「小さ子」という形象をまず捉えておきます。この形象は、柳田が指摘しているように、普通ではない誕生の仕方とセットになっています。「すねこたんぺ」の類話になりますが、「おやゆび姫」（アンデルセン）の男女逆転型で男の子が親指から生まれるという話もあります。

事例六〇　五分次郎（山形県最上郡）

昔、子どものいない老夫婦がいた。

ある時、婆の親指の腹が痛くなり、そこから赤子が出てきた。その赤子は五分《ぶ》（一・五センチほど）しかない赤子だった。それで「五分次郎」と名づけて、大事に育てた。

　海辺に遊びに行った時、風に吹き飛ばされた五分次郎は、海の波に流されてしまった。対岸にたどりついた五分次郎は、村の家を訪ねまわった。誰も出てこなかったが、ようやく最後の家で、「この村には化け物がいて村人を次々と食べてしまうが、それでもよかったら泊まっていきなさい」と婆さんが言ってくれたので、仏壇の抹香箱の中に入って寝ることになった。

　夜中になると化け物がやって来て「人臭い」と言って嗅ぎまわっているうちに、五分次郎は化け物の鼻の穴に吸い込まれてしまった。しかし、五分次郎は、腰にしていた針のような脇差《わきざし》で化け物の腹の中を刺したので、化け物は七転八倒して死んでしまった。

　化け物は大きなムジナだった。村の人たちは大いに喜び、五分次郎は泊めてくれた婆の家の聟になって、裕福に暮らした。（野村 一九七二）

　この話では、「小さ子の誕生」とともに化け物退治のモチーフが組み込まれています。最後は裕福な家の聟になるという設定ですが、結婚の話は直接には出てきません。個人の婚姻よりも家の継承のほうに重点が置かれたエンディングになっていることにもポイントがあります。

「小さ子」の伝承としては、『御伽草子《おとぎぞうし》』の中に「一寸法師」の話があります。

事例六一　一寸法師［写真021］

摂津《せっつ》の国の難波《なにわ》の里（大阪府）に翁《おきな》と媼《おうな》がいた。媼が四十歳になっても子どもができないことを悲しんで、住吉《すみよし》大明神にお祈りをした。すると媼は身ごもり、美しい男の子を生んだ。しかしながら、背丈《せたけ》が一寸《すん》（三センチほど）しかなかったので、「一寸法師」と名づけられた。十二、三歳まで育てたが背丈が伸びないので「化物風情の子」と翁と媼は考え、一寸法師をどこかへやってしまいたいと言っていると、一寸法師はそれを聞いて、親にまでこのように考えられるのは悔しいことだと思い、お椀を舟にして、住吉の浦から都へと上っていった。

都につくと、三条の宰相《さいしょう》殿のもとを訪ねた。宰相殿が出てみると、声はするが姿は見えない。宰相殿が足駄《あしだ》（ゲタのこと）を履こうとすると、足駄の下から一寸法師の声がした。宰相殿は一寸法師に興味を持って、住まわせることにした。

年月を送るうちに、やがて一寸法師は十六歳になったが、背丈はそのままだった。宰相殿には十三歳になる姫君がいて、一寸法師はひと目見た時から彼女に恋

[写真021]

御伽草子　一寸法師

国立国会図書館デジタルコレクションより

心をいだき、妻にしたいと考えていた。

ある晩、一寸法師は、姫君が寝ている時に口のまわりに茶袋に入れていた米粒を塗り、空になった茶袋をかかえて泣き出した。宰相殿が訳を尋ねると、「自分が取り集めておいた米を姫君に食べられてしまった」と訴えた。調べてみると、姫君の口に米粒がついていたので、宰相殿は怒って、姫君を殺してしまおうと思い、その役を一寸法師に仰せつけた。

一寸法師は姫君とともに都を発ち、鳥羽《とば》の津から舟に乗ったが、嵐にあって風変わりな島に漂着した。そこへ鬼が二人やって来て、一人の鬼が一寸法師を口から飲み込んだが、一寸法師は目から出てきて飛びまわった。鬼は恐れおののいて、持っていた打出の小槌を捨てて逃げていった。

一寸法師は打出の小槌を手に取って、「自分の背丈よ、大きくなれ」と打ち振ると、まもなく背が大きくなった。その後、金銀を打ち出して、姫君とともに一寸法師は都に上った。そして、一寸法師が堀河《ほりかわ》の中納言《ちゅうなごん》の孫であることが判明したので、官位を授かり、姫君と結婚して、子どもも三人生まれて、めでたく栄えた。

（大島・渡　二〇〇二）

民間伝承の「小さ子譚」が文字による「雅《みやび》の文芸」に移行したもので、一寸法師は「住吉大明神の申し子」という形で設定されています。そして、「すねこたんぺ」の計略のモチーフと「五分次郎」の鬼退治のモチーフの両方が組み込まれています。京の都に恋愛・婚姻の舞台が設定され、鬼退治の後に一寸法師は貴族の官位体系の中に組み込まれます。

このように「高貴な生まれであったことが最後に判明する」という物語の枠組みは、折口信夫のいう「貴種流離譚」に該当するものです。庶民の文芸の土臭さが抜けて、予定調和的な印象も受けます。「五分次郎」の奔放な味わいと比較すると、庶民の文芸と貴族の文芸の位相の違いを実感することができます。

美女と野獣

では次に、西洋における代表的な異類婚姻譚の一つである「美女と野獣」を紹介しましょう。

事例六二 ―――― 美女と野獣（フランス）［159ページ写真022］

一　昔、三人の娘を持つ商人がいた。

　ある日、町へ商品を仕入れに行く時に、三人の娘におみやげの希望を尋ねた。一番年上の娘は「美しいドレス」、二番目の娘は「きれいなブラウス」、末娘は「一本のバラ」を所望した。商人は町へ出かけ、ドレスとブラウスを買ったが、バラは見つからなかった。帰路で、商人は庭にバラの咲き乱れる美しい城を見かけた。商人はその城に近づいたが誰もいなかったので、一本のバラを折り取った。

　すると、大きな獣が現れ、商人を咎《とが》めた。商人は「娘のために」と頼んだが、野獣は「娘をつれてきたら許してやる」と言う。家に帰り、末の娘にいきさつを話すと、末娘は野獣に食われる覚悟をして、野獣の城に一人で入った。夜中になると野獣が現れ、娘に結婚を申し出たが、娘は「考えさせてください」と返事を保留して、何日かが過ぎた。娘は、両親に会いに行きたいと野獣に頼み、午後十時に戻る約束を交わして城を出て、約束通りに城に戻った。また、ある日、もう一度だけ両親に会いに行くことを野獣に頼んだ。今度は午後十一時という門限を約束したのだが、姉たちが引きとめるので、娘は次の日になってから城に戻ることになってしまった。

　城に戻ったが、野獣の姿がない。そして突然、野獣が川に入って泣いている声が聞こえてきた。野獣は娘が帰ってこないことに絶望して、川で入水《じゅすい》しようとしていたのだ。「戻ってきてください。あなたと結婚します」と、娘が野獣に向かっ

[写真022]

美女と野獣

ジャンヌ=マリー・ルプランス・ド・ボーモン著「La Belle et la Bête」（1756年）

挿絵 ウォルター・クレイン画

て言うと、たちまち野獣は素敵な王子の姿に変わった。王子は魔女によって、野獣の姿に変身させられていたのだ。

それから、娘と王子は素晴らしい婚礼をおこない、幸せに暮らした。（新倉 一九九三）

この話は、ボーモン夫人が『子どもの雑誌』（一七五六年刊）に掲載した「美女と野獣」と題した物語によって、ヨーロッパ中で広く知られるようになりました。そして、現代ではディズニーのアニメーション版および実写版の映画で、世界中で幅広く親しまれています。

本来は人間である存在が、魔女に魔法をかけられたために異類の姿になっているという設定は、ヨーロッパの伝承に共通する枠組みです。

鬼聟

では次に、鬼という表象が登場する日本の伝承をみてみましょう。

事例六三 ──── 鬼聟（鹿児島県奄美大島）

昔、あるところに娘三人を持つ寡婦《かふ》が暮らしていた。ある日、母が働いているうちに大雨になり、帰り道にある小川が大水により渡れなくなった。母が困っていると鬼が現れて、川を渡してやる代わりに娘の一人を嫁にくれと言う。母は仕方なくその提案を受け入れ、鬼に川を渡してもらった。すると、鬼は「いつか雨の降る日に娘を迎えにくる」と言い残して、去っていった。

家に帰った母は、その日の出来事を娘たちに話した。長女と次女は鬼の嫁になることを拒否したが、末娘は「親の言うことは何でも聞きます」と答えた。

雨の降る日に鬼がやって来て、末娘を抱きあげ、つれ去った。ところが、途中の小川がこの日も洪水になり、鬼は末娘の帯を角に引っかけて川を渡り始めたが、早瀬で足を踏みはずし、そのすきに末娘は向こう岸に飛びついた。一方、鬼は急流に押し流され、悲鳴をあげながら死んでいった。（関一九七八a）

人間の娘をつれ去った鬼が川に流されて死んでいくという展開は、「猿聟」と共通しますが、「猿聟」の場合、「人間の側の計略による殺害」というモチーフがあるのに対し、

「鬼聟」の場合は、「自然災害による不慮の死」というモチーフになっています。猿が鬼に代わることで、人間の計略によってコントロールできる異類から、人間の制御を超えた異類へと位置づけが変化しているのです。

それでは次に、同じく鬼の聟という設定ですが、一旦鬼の世界につれ去られ、子どももできた後に鬼の世界から逃げ出し、人間の世界に帰ってくるという展開になる「鬼の子小綱」という話をみてみましょう。

事例六四　鬼の子小綱(福島県田村市)

親たちが死んで、姉と弟が二人で暮らしていた。

ある時、鬼が立派な男に化けてやって来て、姉をよこせと言って、無理やりつれ去った。弟は姉に会えるよう、観音さまに願《がん》をかけて、七日間の断食ごもりをした。すると、観音さまが夢枕に立ち、「姉は家の前の萱《かや》の茂みを押し分けて行った先の大きな家にいる」と教えた。弟がその家を探し当てて中に入ると、姉と姉が生んだワラシ鬼(童鬼)がいた。姉は「夜になると、鬼たちが帰ってくるので、隠れていろ」と言って、弟を隠した。しかし、鬼たちが帰ってくると、弟は見つかってしまい、「人を煮る釜」の中に放り込まれた。そして、親の鬼がワラシ鬼に

> 火打ち石を持ってこいと言うが、ワラシ鬼はとぼけて違うものばかり持ってくる。そこで、親の鬼が自分で火打ち石を取りにいったすきに、ワラシ鬼は弟を助け出し、姉も一緒に三人で逃げ出した。途中に大きな川があって、三人が船に乗って川を渡ろうとすると、追いかけてきた鬼が川の水を瞬く間に飲み干してしまい、さらに追いかけようとしたのだが、川底の泥がぬかるんで進めない。三人は泥を鬼の顔に投げつけ、何とか逃げ切った。
>
> 無事帰ることができて三人は喜んでいたが、ワラシ鬼は「自分は鬼の子だから、大きくなると、人を食うようになるので、今のうちに殺して、自分の手と足を年《とし》神《がみ》さまの松の木に打ちつけてくれ、そうすると鬼は人間に近寄れなくなる」と言った。
>
> そのようにしてできたのが「鬼打ち木」で、その働きで鬼がやって来るのを防ぐようになったのである。(関一九七八d)

ここでは、姉と鬼のあいだにワラシ鬼が生まれていて、弟と姉といっしょに鬼の世界から逃げ出し、人間の世界にやって来ますが、ワラシ鬼は自らの将来を悲観し、自己犠牲の形で死んでいくというショッキングな終わり方になっています。

このように異類婚姻が取り返しのつかないマイナスの結果をもたらすという語られ方

は、日本社会における「鬼」というものの位置づけを反映したものと考えられます。

片側人間

「鬼の子小綱」の別のバージョンでは、人間の女性と鬼のあいだに生まれた子どもは、「体の半分が鬼」というような、ビジュアル的にも異形の表象として語られるケースが多くあります。その一例をあげてみましょう。

事例六五――鬼の子小綱・片側人間型（宮城県仙台市）

貧しい薪《まき》取りが山で働いていると、「あんこ餅が好きか」と、突然鬼に声をかけられた。男が「女房と取り換えてもいいくらい好きだ」と答えると、「それ食え」と重箱《じゅうばこ》を出して、鬼は去っていった。男が家に帰ると女房の姿はなく、家の中が荒らされていた。

男は十年も山々を捜しまわったが女房は見つからず、鬼が島へ舟で渡ると、「体の右半分が鬼、左半分が人間」の十歳ほどの男の子に出会った。その男の子は「片子」と名乗り、「父は鬼の親分で、母は人間だ」と言って、家に案内してくれた。そこには女房がいて、男を押入れにかくまったのだが、鬼が帰ってくると見つかってしまった。鬼は「勝負に勝ったら帰してやる」と言い、男と餅食い競争、木切り競争をするが、片子の助けによって両方とも男が勝った。最後の酒飲み競争で鬼は酔いつぶれてしまったので、三人がそのすきに舟に乗って漕ぎ出すと、鬼が追いかけてきて、海の水を飲み始めた。舟が岸に引き寄せられそうになったが、男が舌を出し、片子があかんべえをし、女房が腰巻をまくって尻を叩いたので、鬼は大笑いしてしまい、飲んだ水を吐き出した。それで、三人は無事に逃げ帰り、いっしょに暮らすようになった。

しかし、片子は「鬼子、鬼子」とはやされて、人間の世界に居づらくなった。そこで両親に「鬼の体のほうを細かく切り、串刺しにして戸口に刺しておくと、鬼除けになる。それでもだめなら石で目玉をねらえ」と言い残して、ケヤキの木から落ちて死んでしまった。母親がその右半分を切って串刺しにし、戸口に刺しておくと、鬼は戸口に近づくことができず、裏口から入ってきたので、その目玉に石を投げつけると、鬼は逃げた。

それから節分には、片子の代わりに田作りを串刺しにして、石を投げる代わりに「福は内、鬼は外」の豆まきをするようになった。（稲田・小澤 一九八二）

ここでは、つれ去られた女房と鬼のあいだに生まれた子どもが、「体の右半分が鬼、左半分が人間」という形で語られています。そして、「片子」は鬼の世界から逃げ出して人間の世界にやって来るものの、誰も相手にしてくれず、居づらい状態になり、結局、自ら命を絶ってしてしまいます。この話においても、死んだ後にも鬼除けの役割を果たすようになるという展開は、事例六四と共通しています。自己犠牲と引き換えに、異類婚姻の結果として生まれた子どもは、悲劇的な最期をとげる展開になっており、異類婚姻を否定的に捉える見方が反映されていると考えられます。

さて、このように体が半分に分割されているものという形象は、韓国の「片身の息子」という話にも登場します。

事例六六　片身人間（韓国・慶尚北道）

昔、ある女が息子を生んだ。しかし、どうしたことか、その子どもは足は二本揃っていたものの、身、頭、手はすべて片身で、村人からは「パンチョギ（片身君）」と呼ばれていた。目も鼻も口も耳も半分であった。父親は嫌がっていたが、母親はかわいがってパンチョギを育てた。二十歳になっても、パンチョギの体は、あいかわらず半分しかなかったが、力は普通の人間の何倍もあった。

　ある日、パンチョギは山に遊びにいき、ウサギを捕まえそこねたことに腹を立てて、足で岩を蹴飛ばした。すると、家ほどの大きさの岩がゴロゴロと転がり落ち、村の家を何軒か壊してしまった。パンチョギの兄は「このままでは、また何をしでかすかわからない」と考え、パンチョギを山の上につれていって、大きな木に縛りつけた。しかし、しばらくすると、家の外で大きな音がした。パンチョギが、縛りつけられていた大きな木を根ごと引き抜き、それを背負って家に帰ってきたのだった。

　ある時、パンチョギは結婚したいと母親に言い出したのだが相手にされないので、高官の娘を新婦としてつれてくると言って、出かけた。高官の家は警戒が厳しかったので、パンチョギは幾晩か様子を見て、すきをついて家の中に入った。まずパンチョギは、寝入っていた召《め》使《し》いたちの髷《まげ》を柱に縛りつけた。そして、主人や妻や息子夫婦なども縛りつけ、一番の奥の部屋にいた高官の娘を蒲団《ふとん》でグルグル巻きにして、かついで外に出た。パンチョギが大きな声で「片身の新郎が新婦を担いでいくぞ」と叫ぶと、この声にびっくりして目を覚ました主人は、灯《あか》りをつけようとして、誤って自分の髭《ひげ》に火をつけてしまい、家中が大騒ぎになった。そのあいだに、パンチョギは娘を担いで、ゆうゆうと家に帰り、庭で一度ぐるりとでんぐり返ると、世にもまれな美男子となった。新婦は美男子となったパンチョギをとても気に入った。

それから、二人は夫婦になって、いつまでも幸せに暮らした。（崔・厳 二〇一三）

この昔話に登場する「パンチョギ（韓国語で「片側」）は「目も鼻も口も耳も半分」という形象で、文化人類学者のロドニー・ニーダムが言う「片側人間」に相当します（ニーダム 一九八二）。ニーダムは「片側人間」という表象を、身体の一方の側だけからできている想像上の人間であり、同じ側に目が一つ、手が一本、足が一本からなっていると述べています。韓国の「パンチョギ」の場合、足は二本ということですが、その他はニーダムの記述に該当します。ニーダムは、片側人間のイメージは、普遍的とまではいえないが、世界的に分布しているとも述べています。

パンチョギは体の片側だけの存在という点で、「体の右半分が鬼で、左半分が人間」という日本の片子と、異形のあり方においては共通する側面がありますが、事例六五と事例六六は話の展開がずいぶん異なっています。

事例六六の展開の枠組みは、むしろ日本の「一寸法師」の話と共通しています。一寸法師という「小さ子」の表象が「片側人間」に置き換えられていると考えていいでしょう。一寸法師は打ち出の小槌によって立派な青年男子となりますが、パンチョギは特別な呪具を用いることなく、でんぐり返りをすることで美男子となります。このように幸福な結婚というハッピーエンドに展開している点で、「パンチョギ」の韓国の文化・社会における位置づけは、日本の文化・社会における「片子」の位置づけと大きく異なっていると考えられます。

この「片側人間」という形象は、イタリアの民話「まっぷたつの男の子」にも現れます。少し長くなりますが、カルヴィーノ編著『イタリア民話集』に収録されている話を紹介しましょう。

事例六七　まっぷたつの男の子（イタリア）

ある女が赤ん坊を身ごもった。それで、パセリが食べたくて仕方なかった。女の近くには魔女が住んでいて、パセリのいっぱい生えた畑を持っていた。女はその畑に入って、パセリの葉を食べ始め、畑の半分まで平らげてしまった。魔女はそれを見て、悲鳴をあげた。

その翌日、女はまたやって来て、残りのパセリも全部食べてしまった。すると、魔女がとび出て女を強く非難した。女が妊娠の事情を説明して許しを請うと、魔女は、「今は見逃してやるが、生まれる子が七歳になったら、半分は自分がもらう」と言う。女は逃げ出したい一心で「はい」と答えてしまった。やがて男の子が生まれ、七歳になると、魔女は男の子を道でつかまえて、自分の家へつれていき、大きなまな板の上に寝かせて、頭から胴体まで、包丁で縦に真っ二つにした。そして、半分は自分のところに残し、もう半分は家に帰した。

家に帰った半分の少年はやがて大人になったが、半分の状態のままで、漁師として働くようになった。

ある日、半分の少年は大きな鰻《うなぎ》を引きあげたが、鰻が「放してください。かわいい子鰻への愛にかけて、何でも望みを叶えてあげますから」と言うので、放してやった。

半分の少年が王さまの宮殿の前を通りかかった時のこと、王女が「まっぷたつの男」の姿を見て笑い出した。まっぷたつの男は王女をにらみながら、「よくも笑ったな、それならば、かわいい子鰻への愛にかけて、王女に僕の子どもができますように」と言った。しばらくして、王女が妊娠していることがわかり、両親が問いつめたが、王女は「何の心当りもない」と言う。それから、両親は王女を冷たく扱うようになり、王女も心を閉ざすようになった。

やがて、玉のように美しい男の子が生まれたが、両親は父親のわからない子どもが生まれた不名誉を嘆き、魔法使いを呼び出した。そして、赤ん坊が一歳になると、魔法使いの示唆によって、国中の貴族たちを招いた宴会を開き、金と銀の林檎《りんご》を持たせた赤ん坊を乳母に抱かせて、会場内をまわらせた。金の林檎は父親に、銀の林檎は祖父に渡すというのである。王さまの前にくると、赤ん坊は銀の林檎をさし出したが、金の林檎は誰にも渡そうとしなかった。それで、今度は国じゅうの貧乏人を招いて宴会を催して、同じようにすると、赤ん坊はまっぷたつの男に金の林檎を渡したのである。王さまはたくらんで結婚式をあげさせた後に、教会から出てきた三人を大きな樽《たる》に入れて、海に投げ込んだ。

樽は時化《しけ》の中を流されていったが、まっぷたつの男が「かわいい子鰻への愛にかけて」と呪文を唱えると、樽は砂浜に無事流れついた。三人は樽から出て、まっぷたつの男がまた呪文を唱えると、立派な服装を身につけた美しい若者の姿になった。次に、さらに呪文を唱えて、宮殿を建てて三人はそこに住むようになった。そして、周辺の王さまや女王さまたちを招いて宴会を催した。今では完全な姿になったまっぷたつの男は、入り口で金と銀の林檎には手を触れないように皆にお願いした。その上で、まっぷたつの男は義父である王さまのポケットに金と銀の林檎が入るように仕組んで、宴会の途中で林檎がなくなったと騒ぎ立てた。一人ひとり調べると、王さまのポケットから林檎が二つ出てきた。王さまが無実を主張すると、まっぷたつの男は「あなたの娘さんも無実だったのに、あなたはひどいことをした」と言って、王さまを樽に入れて流そうとしたが、王女が必死で父親の命乞いをするので、まっぷたつの男は、王さまを許した。その後、みんなはもとの宮殿に戻り、仲良く慈しみあって暮らした。（河島 一九八四）

ここでは、七歳になった男の子が魔女によって包丁で縦に「真っ二つ」に引き裂かれます。そして、その半分の体になった男がこの物語の主人公になります。この「まっぷたつの男」の形象は「同じ側に目が一つ、手が一本、足が一本からなっている」というニーダムの片側人間の記述にぴったりと当てはまります。

物語に魔女が登場するのは、ヨーロッパの伝承の特徴です。この話においても、妊娠した女性と魔女の取り引きが話の展開の端緒になっています。そして、事例六六の韓国の「パンチョギ」と同様に、「一寸法師」と共通する話の展開をたどり、幸せな結婚で終わっています。

「まっぷたつの男」は結局、十全な姿の美しい若者に変身するわけですが、この話において「まっぷたつ」という形象は異形の一つの表現という以上の意味を担わされているわけではありません。また、魔女のところに残された半分の体についても、その後、何の言及もありませんが、この話の背後には「まっぷたつ」ということに意味を持たせた伝承がかつて存在したことも想定され、興味をそそられます。

『イタリア民話集』の編著者であるカルヴィーノは、二〇世紀のイタリアの代表的作家の一人であり、おそらく民話の「まっぷたつの男の子」から発想を得て『まっぷたつの子爵』という小説を書いています。そこでは、戦争で弾丸に当たって真っ二つに引き裂かれてしまった子爵の体の片方が「善半」、もう片方が「悪半」に分裂するという形でストーリーが展開していきます。

このような設定は、スティーヴンソンの小説『ジキル博士とハイド氏』で一人の人物が真逆の性格をあわせ持っていて、それが時間によって交代で現れるという設定を連想させるところがあります（『まっぷたつの子爵』の場合、それが同時に現れる形になっています）。『まっぷたつの子爵』において特徴的なのは、最後に「善半」と「悪半」という子爵の二つの分身が再結合することによって、真っ二つになる以前よりも「悪意と善意の入り混じった」思慮深い人間となり、恋していた女性と結婚して幸せに暮らすという展開になっていることです。真っ二つになって過ごした段階がハッピーエンドへの鍵となる形で、カルヴィーノは小説を組み立てています。真っ二つの状態になった子爵にカルヴィーノは、「あのころ、わたしはなんでも見えるような気がしていたが、それは外観に過ぎなかった」と発言させています（河島 二〇一七）。民話の「まっぷたつの男の子」においても、このような視点の転換が含意されていたのかもしれません。

韓国の伝承もイタリアの伝承も「片側人間」という異形の表象が、異類婚姻の成就にいたる「移行」の段階として設定されています。それに対して、日本の「鬼の子小綱」

に登場する「片子」の場合、異類婚姻の結果としての「片側人間」が次の統合の段階に進むことが含意されておらず、悲劇的な結末が描かれます。

このあたりに伝承の背後にある世界観を考察するヒントが隠されていそうです。

4章

異類婚姻からみえる人間社会

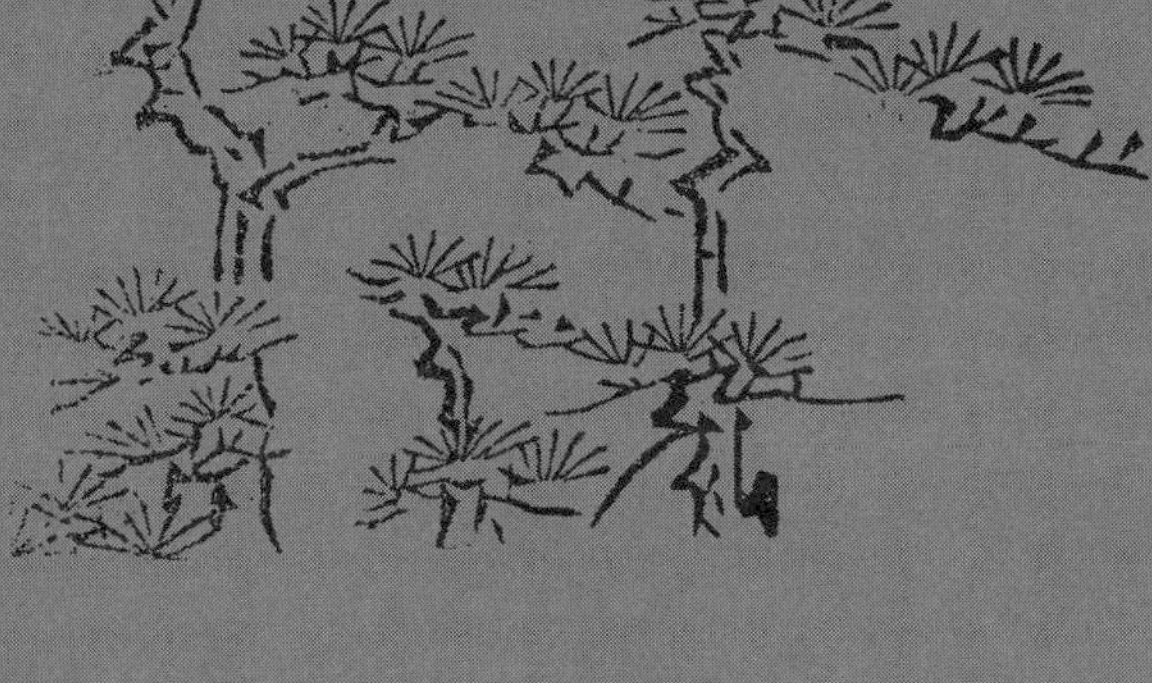

日本の異類婚姻譚の特徴

1章から3章までみてきましたように、異類婚姻譚《いるいこんいんたん》は多様な広がりを持っています。異類婚姻をテーマとする話は、どこか人を惹きつけるところがあり、多くの国や地域において魅力的な伝承を生みだしてきたのでしょう。

昔話の比較研究の第一人者である小澤俊夫は「昔話における『人と動物との婚姻』というテーマは、各国共通のテーマで、昔話の比較研究の基礎をなすものです」と述べています（小澤二〇一四）。

この章では、異類婚姻譚の比較からみえてくる論点を整理し、これらの伝承からどのようなことを読み取ることができるのか、そして、それが私たちの現在、未来の生活にどのように関わっているのかについて、考えていきます。

またこれによって、より豊かな形で3章までのさまざまな事例を再度振り返り、そこから読者各自が新たな視野を開いていく基盤となることを期待しています。

短期間の体験

「鶴女房《にょうぼう》」においても「猿聟《むこ》」においても、異類婚姻は成就されず、物語の主人公は話の終わりで話の始まりと同じ状況に戻ります。このことは日本の異類婚姻譚の一つの特徴をなしています。

小澤俊夫は「一夜の体験を語る昔話」という分析の枠組みを用いて、ヨーロッパの昔話と対比しながら、日本の昔話の特徴を分析しています。まずは、その議論を紹介します。

小澤は「山寺の怪」という昔話を紹介し、次のように述べています。

> 注目すべきことは、この日本の昔話では、主人公の状態が、話の発端と終結部ですこしも変わっていないという点である。旅のお侍は、空き寺に泊まったために奇妙な体験をするが、それを自らの「漢語よみを解釈する」という知恵で片付けて朝を迎える。光り物の正体は見届けられるが、彼は少しも変わっていない。この昔話は彼の「一夜の体験」にすぎないのである。（中略）この一夜をすこし延長して、人生の中の短い期間ということにすると、「鶴女房」も「蛙女房」も「猿婿入り」も、「人生の短期間の体験」としてくることができる。これは、ヨーロッパの昔話で、主人公が、貧しさから始まって、援助者の力や自らの知恵で幸福をつかんでいくという、いわば「上向きの履歴書」といえる構造とは大いに異なることがわかるのである。（小澤 二〇〇九）

小澤は、ヨーロッパの昔話においては「ストーリーのひとつひとつの構成が、人生のこまを進めていくような出来事である」と指摘し、これをマックス・リュティにならって「上向きの履歴書」と呼んでいます。そして、この「上向きの履歴書」という構造がヨーロッパの昔話を特徴づけているとしました。それに対して、日本の昔話は「上向きの履歴書」の形にならず、「一夜の体験」を語るだけのものが多いと指摘し、日本の異類婚姻譚のほとんども「一夜の体験」を少し延長した「短期間の体験」を語る形になっていると、分析しています。

本書で紹介している日本の事例を通しても、このような「短期間の体験」が一つの特徴となっていることがみえてきます。

〈出会い〉と〈別れ〉のサイクル

池上嘉彦は、「鶴女房」、「天人女房」、「浦島太郎」の三つの昔話を分析し、物語の枠組みとして「〈出会い〉と〈別れ〉のサイクル」が共通して存在することを示しています。そして、その〈出会い／別れ〉のサイクルの中でも「人間である主人公と超自然的な女性との〈出会い／別れ〉」がもっとも重要であることを指摘しています。これは、本書に取りあげてきた「異類女房譚」の枠組みに相当します。池上は「主人公は、超自然的女性と共にいる間は幸福です。超自然的女性との〈出会い／別れ〉のサイクルを経験するのと平行して、主人公は幸福との〈出会い／別れ〉を経験します」というように、日本の「異類女房譚」の構造を分析しています。

そしてまた、池上は小澤と同じく、「主人公は話の結末において、もとの状態に戻る」という物語の構造が存在することを次のように指摘しています。

> どの話でも、その結末のところでは、一時自らの本来属する世界を離れたものが、すべて自らの本来の世界に戻ることになっています。人間の主人公は、どの話でもその結末のところでは、（話の発端におけるのと同じように）不幸な状態にいます。話が示唆しているのは、〈幸福〉とは人間界に属するものではないということのようです。話を構成している〈出会い／別れ〉のサイクルは、すべてこのテーマ―人間の幸福のはかなさ、不幸であるべく運命づけられている人間―をさまざまに変奏して演じていると考えることができるでしょう。（池上一九八二）

このような「〈出会い／別れ〉のサイクル」という枠組みは、特に日本の異類女房譚に当てはまるものですが、日本の異類聟譚も広い意味では〈出会い／別れ〉のサイクルをたどっているとみることができます。しかし、異類聟譚の場合、「超自然的男性と共にいる間は幸福」とは言えません。つまり、異類女房譚と異類聟譚のあいだには非対称性があるのです。このことを次に考えてみましょう。

「人間界」と「異界」との交換

先にみたように、異類女房譚は「超自然的な女性との出会い」によって一旦は人間の世界に「幸福」がもたらされるわけですが、その幸福が、具体的な富を表す「モノ」によって表現されるケースが多くみられます。「鶴女房」における美しい布、「蛇性の婬」における太刀《たち》、「狐女房」における聴耳頭巾《ききみみずきん》、「魚女房」における味噌汁などがそれに当たります。

関敬吾は、日本の異類女房譚の総体を類型化した労作『昔話の歴史』において、次のように述べています。

> 異族女房譚では、ほとんどの女は呪宝をもたらし、またそれ自身が呪宝的な存在であり、男がこうした異族の女性と結婚することによって幸福となり、あるい

は子供を残して去るとき呪宝を残し、それによって一族の繁栄を説く形式が多い。子供の誕生を説かない場合は「鶴女房」における如く、致富女房型に転換し、さらに富を主題とする「海神少童」型の形式をとる。（関　一九八二）

昔話としての異類女房譚に視点を置いた場合、「一族の繁栄を説く形式が多い」という指摘は必ずしも正確ではありませんが、それ以外のところでは、異類女房譚を人間界と異類界の交換として的確に位置づけているように思われます。人間界と異類界の交換を語る物語群の類型の一つとして異類女房譚があるという視点からみると、少し変形して「婚姻のモチーフ」が脱落した形の伝承も重要性を帯びてきます。たとえば、次にあげる「鶴女房・養女型」の伝承がそれに当たります。

事例六八――鶴女房・養女型（鳥取県岩美郡）

爺が薪《まき》を取りにいき、鶴が罠《わな》にかかっているのを助けた。家に帰って婆とそのことを喜んでいると、娘が訪ねてきた。そして、娘は宿を乞い、泊まって家の手伝いをした。その後、娘は養女となり、屏風で姿を隠して機《はた》を織った。婆が不思議に思ってのぞき見ると、鶴が羽を抜いて機を織っていた。娘は見られたことを恥じ、「自分はかつて助けられた鶴で、報恩のために来たのだ」と告げて、飛び去った。その後、爺と婆は安楽な暮らしをした。（関 一九七八a）

この話では、鶴を助けた爺に妻がいるため、鶴は爺と結婚するのではなく、養女として爺の家に来ます。厳密な意味での婚姻譚とは言えませんが、「鶴女房」や「狐女房」と同じような形で、人間界と異類界のあいだで交換がおこなわれています。この養女としての鶴をさらに変形すると、関が言うように「海神少童」型の伝承になります。その例として「竜宮童子」をあげてみましょう。

事例六九　竜宮童子（熊本県玉名郡）

爺が薪を町で売って生活していたが、ある日、薪が売れないので竜神を念じつつ、薪を橋の下に沈めた。すると、水の中から美しい女が小さい一人の子を抱いて現れた。「薪をくれたことを喜んだ竜神が、その礼にこの子どもをやると言っているから、つれて帰れ。『鼻たれ小僧さま』といって、願えば何でも聞いてくれる。その代わりに毎日三度ずつ海老膾《えびなます》を供えよ」と言って、女は去った。

爺は小僧を家につれて帰り、神棚の脇にすえて、毎日海老の膾を供えて大切に育てた。欲しいものを頼めば、鼻たれ小僧さまが鼻をかむ音をさせて何でも出してくれた。爺は立派な家や蔵を建て、大金持ちになった。

今や爺の仕事は膾にする海老を買うだけであったが、それも面倒くさくなった。小僧を神棚から降ろして、「もうお願いするものはないから、竜宮に帰ってくれ」と言うと、小僧は外に出て、鼻をすする音が聞こえた。すると、立派な家も蔵もすべてなくなり、以前のあばら屋だけが後に残った。爺はびっくりして外に飛び出したが、もうどこにも鼻たれ小僧さまの姿はなかった。（関一九七八d）

この話の「鼻たれ小僧さま」は、異界からやって来て人間界に富をもたらす存在であり、「異界との交換」という視点からみると、物語の役割上、「鶴の女房」と置き換え可能なものです。

関は、この「海神少童（竜宮童子）」系統の昔話について、「海神の贈物の喪失する過程は異族の女性が男性のタブー違反によって失踪する過程とまさに照応する」（関一九八二）というように、物語の構造の類似性についてまさに的確な分析をおこなっているわけです。

「もとに戻る」という構造

一方、日本の伝承において、異類聟譚の場合は、異類女房譚の場合と話の展開の構造に違いがみられます。「鶴女房」の場合、人間が鶴を助け、それに対する報恩の形で、鶴が人間のところにやって来ます。そして、機《はた》を織って人間界に富をもたらします。それに対して、「猿聟」の場合は、猿が農作業を手伝ってくれ、その労働力の給付と引き換えに、娘を嫁にやることを猿に約束したので、猿が人間のところにやって来ます。そして、労働力の給付に対する反対給付として、娘を猿の世界につれ去っていきます。つまり、話の出発点の状況と、それに続く異類界と人間界のあいだの移動のあり方が異なっているのです。

このように異類女房譚と異類聟譚のあいだで非対称性が生じる要因としては、まず、異類婚姻がおこなわれた場合の生活の場所の問題が考えられます。異類女房譚においては、結婚生活は人間の世界でおこなわれます。一方、異類聟譚においては、結婚生活が異類の世界でおこなわれます。日本の伝承においては、人間の側が自分の住みなれた場所を離れて生活することについて積極的とはいえません。小澤や池上が指摘するように、「主人公は話の結末において、もとの状態に戻る」のです。したがって、異類女房譚においては、人間の世界において一定期間の結婚生活が送られるものの、最後に別れが訪れることになり、異類聟譚においては、異類の世界での結婚生活がそもそも存在しない形になるよう、物語が展開していきます。

人間の女性が異類のところに嫁入りして、そこで　定期間ではあっても結婚生活をするという場面を想定する想像力が、日本の民間伝承には乏しかったということが考えられます。

もう一つの側面として、子どもが生まれる場合、異類女房の生んだ子どもは普通の人間の姿をしているのに対して、異類聟と人間のあいだに生まれた子どもは異類の姿であったり、異類の痕跡をとどめていたりします。本書でいえば事例二三の「蛇聟・苧環型」（58ページ）や事例六四、六五の「鬼の子小綱」（162、164ページ）にその例をみることができます。そのような子どもは人間の世界では生きにくい状況に置かれるので、異類聟とのあいだに子どもが生まれるような状況が最初から忌避されるという理由も考えられます。そして、ここに「計略・殺害型」の伝承が生まれる土壌があることも想定されるわけですが、次に、この異類排除という問題を考えてみましょう。

「異なるもの」の排除

異類聟への殺意

「猿聟」や「蛇聟・水乞型」においては、人間の側の計略による異類聟の殺害があからさまに語られています。そして、小澤や池上が指摘していたように、その殺害によって、人間の側はもとの状態に戻ります。

たとえば、「猿聟」においては、「この猿聟殺しの事件の後、何事もなかったかのように爺と末娘は幸せに暮すことになる」と小松和彦は指摘しています。小松は「猿聟への殺意」という論考で、人間世界と異類世界の交換という視点から「猿聟」の昔話を読み解いていますので、その見解を紹介してみます（小松 一九九五）。

まず、物語の発端で爺が猿に「労力の提供と引き換えに娘を嫁にやる」と約束する場面について、「爺はこのとき、自分の娘を犠牲にしてでも辛い仕事から解放されたい、という邪悪な気持ちに取り憑かれ、そこで物語が展開し始めるのである」と読み解き、「この場面で猿と爺の間でなされていることは、猿の労働力と爺の娘の『等価交換』なのである」と分析します。ところが、「爺と末娘の間の強固な親子の絆」がその交換の前に立ちふさがります。「『人間社会』内部に住む人びとの間の絆は、この昔話では、『異類社会』との間の等価交換と対立するものとして提示されている」のです。

末娘の視点に立つと、「親のために猿の嫁にならねばならないと決意するが、できれば猿の嫁にならずに末永く爺と一緒に暮したいという二律背反的な状況におかれて」いました。猿聟の殺害はそのダブル・バインドの状況を解消する手段であったと、小松は分析を進めます。しかし、それでは「等価交換」を一方的に破棄してしまうことになります。そこで、その人間の側の裏切りをカモフラージュする論理として「人間の知恵」が持ち出されることになります。「猿聟は知恵のない愚か者であるのに対して、人間である嫁は豊かな知恵をもっていた。だから、その知恵を働かせて窮地＝《ダブル・バインド状況》を克服できたのだ」という論理です。このことをより一般化して、「『人間』は『異類』との等価交換を装うことで『異類』から『富』を獲得し、そののちは『人間』の『知恵』によって、この『異類』との関係を『反対給付』することなく断つことができる」という形に、小松は「猿聟」の昔話の主題をまとめています。

利益相反と相互利益

このような「異類聟譚」における「等価交換」の廃棄は、人間の世界の利害と異類の世界の利害が相容れないという「利益相反《そうはん》」の世界観が基盤になっています。そこから生じた困った事態を、小松は「ダブル・バインド状況」と呼んでいるのです。そして、その利益相反があらわになった状況に対して、人間の側がどのように対処していくかということが、「異類聟譚」のドラマツルギーになるのです。これは日本の異類聟譚の際立った特徴と言うことができます。では、このような特徴はどこから生じたのでしょうか。

一つは、「猿聟」や「蛇聟・水乞型」の冒頭で語られる日本の農耕社会における労働の厳しい状況が、その背景になっていることが考えられます（和辻一九七九）。ですので、これらの物語が語られていた当時、つまり国民の多くが農民であった時には「これもやむをえぬことだ」という共感を得ていたものが、都市化の状況が進んで国民の多くが農業の現場から離れた現代では、「何も悪いことをしていないのに猿がかわいそう」という感想が多く出てくることになります。

都市化以前の状況であっても、狩猟採集や牧畜を基盤とした生活をしている場合、異なったドラマツルギーを持つ話が語られていく可能性が考えられます。たとえば、狩猟民族であったアイヌの伝承においては、「利益相反」ではなく「相互利益」の考え方が表に出ていることが指摘されています。アイヌ語・アイヌ文学研究者の中川裕は次のように述べています。

> 狩猟民族であるアイヌは、自分の命をかけて狩をし、自分の手で動物たちの生

命を奪うことで食料を得てきた。そこではつねに、自分たちが他者に対して「死」をもたらすことの意味を考えずにはいられない。アイヌはそれを相互利益という考え方によって解決した。人間とカムイ（＝自然）は対等な存在であり、お互いが生きていくためのパートナーである。だからお互いが生きていくために必然的に行われる行為は、お互いの利益になるはずのものである。（中川 二〇二〇）

ここで中川が指摘する「相互利益」という考え方を身につけるためには、異類の側に視点を置いて人間の世界を眺めるという経験が必要です。アイヌの場合、カムイの目から世界を物語る「神謡《しんよう》」というジャンルがあり、中川は「こうした神謡を祖母や母の口から繰り返し聞き、そして自分が大きくなれば弟や妹たちに、あるいは子供たちや孫たちに語って聞かせる中で、アイヌの人々は自然の側に視点を置いてこの世界や人間を見る目を養われていった」と指摘しています（中川 二〇二〇）。つまり、動物たちに感謝を捧げることで、人間は生きるために必要な肉や毛皮を手に入れることができますが、逆に動物たちの権利を損なうことがあったならば、そのおこないの報いを受けます。同様に、動物たちも肉や毛皮を人間にさし出すことで、自分たちも繁栄することができますが、逆に人間に何も与えなければ自分たちが悲惨な目にあうという「相互利益」の世界観を、アイヌの人々は獲得していくのです。本書の事例一八の「熊女房」（49ページ）や事例三五

「熊聟」（86ページ）には、そのような特徴がよく現れています。

一方、日本本土の異類婚姻譚は、もっぱら人間の視点から語られています。したがって、それらの話を聞いて育つ子どもたちは、異類（動物）の側から世界がどのように見えているかという視点を養う契機が少ないはずです。そのことが原因なのでしょうか、「猿聟」や「蛇聟・水乞型」の場合、「相互利益」ではなく「利益相反」の考え方が際立つことになります。つまり、「等価交換」の関係を続けるのではなく、人間の側が「二律背反」の状況におちいって、それを解決するために計略を用いて異類との相互関係を断ち切ってしまいます。そうして、話の結末は人間と異類の棲み分けの形になり、人間の世界と異類の世界の通路が閉ざされてしまい、「もとの状態」に戻ってしまいます。ですから、異類婚姻の先に新しい何かが創造されることが少ないのです。

「片側人間」という形象

日本昔話の異類聟譚においては、子どもが生まれないのが一般的です。「猿聟」や「蛇聟・水乞型」においては、そもそも同居生活にいたる前の段階で異類が排除されてしまいます。その中で「鬼の子小綱」と呼ばれている昔話の一群では子どもが生まれ、その子どもが、鬼の属性と人間の属性をあわせ持った姿で語られるケースがいくつもあります。事例六五においては「片子《かたこ》」と呼ばれ、「体の右半分が鬼、左半分が人間」の十歳ほどの男の子と表現されていました（164ページ）。

この鬼と人間のあいだに生まれた子どもたちについて、小松和彦は文化人類学者のニーダムがテーマ化した「片側人間」という分析のための枠組みを用いて検討し、「『片側人間』としての鬼の子は、人間界と異類界のどちらにも移行しえないという、きわめて特殊な構造的位置を占める説話的形象なのである」と分析しています（小松一九九八）。

また、臨床心理学者の河合隼雄は、「鬼の子小綱」における「片子」を現代日本社会に生きる人々の心の状態を象徴的に表現したものとして捉え、私たち自身の生き方の課題と重ねる形で、考察を展開しています。河合は心理臨床の現場の経験から、「文化差」の問題に取り組む必要性を痛感している時に、「鬼の子小綱」の筋の展開のあり方が現代日本人の置かれている状況と重なることに気づき、特に鬼の子どもの位置づけを中心に検討を進めたのです。そこで示されている見解を以下にまとめてみることにしましょう（河合二〇一七a）。

まず、「片子」の形象が、現代人の多くが感じている「自分の心の中に生じる縦の分裂」に対応していることを指摘します。そして、「鬼の子小綱」の昔話の中で「片子の自殺」が語られる背景に、「片子という異分子の存在を許さない一様性を尊ぶ社会の在り方」を読み取ります。問題は、その「一様性を尊ぶ社会」はどのようにして生じているかということです。河合は、事例六五の話に登場する薪取りの男について「日本男性の人の好さというか、頼りのなさがよく出ているようにも思う。『あんこ餅が好きか』と聞かれて、『女房と取り替えてもいい』と言いつつ、貰ったあんこ餅をたらふく食べ、後で女房を取られたことを知って、こんなはずじゃなかったのに、と驚くところなど、なかなかうまい描写である」と述べています。このような「人のよい」父親が、「世間の力には抗しがたいとして、わが子の自殺を黙って見ている」ことになると言うのです。そして、このような父親のあり方を「農耕民型の父性」として位置づけ、「牧畜民型の父性」と対比しています。一方、「鬼の子小綱」における鬼は「牧畜民型の父性」の顕現と考えられるものであり、「何事も受けいれるかに見える日本人も、この鬼の侵入だけはどうしても防ぎたいのである」というように、鬼聟系の昔話で「鬼の人間の世界への侵入」を阻止することに大きな力がそそがれる理由を説明しています。そして、現代に生きる日本人の課題として「片子を自殺に追いやらず、生かし続けることにより、新しいファンタジーを創造し、そのファンタジーを自ら生きること」を提示しています。

「新しいファンタジー」創造へのヒント

では、河合が述べる「新しいファンタジー」には、具体的にどのような形のものがありうるのでしょうか。人が長年の習性から逃れるのは容易なことではありませんが、日本列島の外へ視野を広げることによって、そのヒントが得られるはずです。本書では、そのようなヒントを具体的な形で発見し、物語の組み換えのさまざまな可能性に向けて、われわれの想像力をはばたかせていけるよう、韓国・中国・ヨーロッパ・先住民族の事例を相互連関の糸をつなぐ形で配列してみました。

たとえば「動物の夫」に属する話では、事例二八の「田螺《たにし》息子」(69ページ)は、日本の異類聟譚の中では例外的に「幸福な結婚」で終わります。筋の展開としては、事例三〇の「蛙の王さま」(73ページ)や事例六二の「美女と野獣」(157ページ)と共通する形です。しかし、「蛙の王さま」の蛙や「美女と野獣」の野獣は、魔女の魔法で蛙や野獣の姿にさせられていたのであって、本来は人間であり、最後に人間の姿に戻ります。ですので、最後の場面から振り返ると、人間の女と人間の男の結婚という物語の形になります。

つまり、このような「美女と野獣」型のファンタジーでは、河合が提示した「片子を(そのままの形で)生かしつづける」という課題は達成できないことになります。「田螺息子」には、魔法とは違って、柳田国男のいう「小さ子」そして「不思議な成長」というモチーフが導入されています。この場合も最終的には人間の姿になりますが、事例二八で紹介した「田螺息子」では、「水神の申し子」という点が強調されています。これは、日本の伝統的な民間信仰に依拠した物語の進め方ですが、人間世界のベタな現実から一歩離陸するための仕掛けとして理解すると、「新しいファンタジー」の創造に向けてのヒントにもなりそうです。

では、「田螺長者」や「美女と野獣」と同じく「幸福な結婚」で終わる事例二六の韓国の「青大将聟」（63ページ）の場合はどうでしょうか。この話では、結婚初夜に青大将の皮を脱いで美男子が現れるわけですから、やはり「人間への変身」がともなっています。「蛙の王さま」や「美女と野獣」の場合と異なるのは、青大将の姿になっていた理由づけ（「魔法をかけられた」など）が特に語られないことで、花嫁による花聟の探索へと話が展開しています。一旦は婚姻生活が破綻した後の「再会→難題の解決→再結合」のプロセスが語られている点は、「別れ」で終わらない物語を紡いでいく上での「しぶとさ」のヒントになりそうです。

続いて、事例二五の「蛇聟・単純婚姻型」（61ページ）の存在は、異類と人間の婚姻をそのままの形で肯定する物語の可能性を垣間見させてくれます。そこでは、劇的な変化は何も語られないまま、アカマタと人間の娘の幸福な結婚生活へと物語は進んでいます。福田晃は、この「単純婚姻型」の類型を「蛇聟・水乞型」に古層にある古い物語の形であると想定しているのですが（福田 一九九二）、そのような古層にあるものを甦らせて「新しいファンタジー」を紡いでいくことも、一つの方向として考えられます。

「見るなの禁止」をめぐって

別れの美学

日本の異類女房譚においては、女房の側から人間の男に対して「ある場所を見てはいけない」という禁忌（タブー）が課されることが多くあります（このタブーのことを昔話研究において「見るなの禁止」と呼んでいます）。そして、このタブーが人間の男性の側の何らかの契機によって破られることにより、婚姻生活が破綻し、別離にいたります。このことは日本の異類女房譚の目立った特徴であり、多くの研究者の注目を集めてきました。

小澤は、このような話の展開の仕方を日本の異類婚姻譚の文芸的特質として捉え、テーマ化しました。

> 「つる女房」の夫は、機織りの仕方を見たいという好奇心にかられて、つい女房の禁令を犯してのぞいてしまい、それによって女房を失う羽目におちいってしまった。女房のほうからみても、恩返しと思ってきたのに、のぞかないでくれという自分の禁令を夫が破ったために、別れなければならい羽目におちいったわけで、その複雑に入り混じった気持ちが、ことばにならずにこの話を支えていることはあきらかである。別れのこの悲しさを声を大にして語らずに、ただ余韻としてひび

かせる終わり方、これは日本の異類婚姻譚の大多数がもつ、文芸的特質であると思う。（小澤 二〇一四）

この文芸的特質を「別れの美学」と名づけておきたいと思います。

小澤はここで、禁令が破られた理由として「好奇心にかられて」ということをあげています。そして、つい禁令を犯してしまったために、意図していなかった状況におちいってしまったというように、人間の男性の行動のあり方を捉えています。しかし、それは言葉では表現されずに「余韻としてひびかせる」形にとどまっていますので、話が中断されたという印象をヨーロッパの研究者は持つようです。「女房が鶴になって飛び去ったのに、夫はなぜそれを追っていかないのか。日本の夫はなにをしてるんだ」と。この問題について、さらに検討してみましょう。

「あわれ」と「うらみ」

では、「別れの美学」にまつわる問題はどこに起因しているのでしょうか。

これは先に紹介しました「日本男性の人の好さというか、頼りのなさ」に対応しているように思われます。つまり、日本の夫は陥った状況について「こんなはずじゃなかったのに」と、素朴に驚いているというわけです。

河合はこの点について、「タブーを犯したものに何らの罪が与えられず、タブーを犯されたものは悲しく立ち去ってゆくのである」と述べ、男性の視点と女性の視点、そして男性の立場と女性の立場のズレに焦点を当てながら、別れの美学の中身について、検討を進めています（河合二〇一七b）。少し長くなりますが河合の検討を紹介していきましょう。西洋の昔話と日本の昔話の語られ方の違いを河合は次のように述べています。

西洋の物語は、それ自身がひとつの完結された形をもち、その完結性がわれわれの心を打つ。これに対して、わが国の物語は、むしろそれ自身としては完結していないように見えながら、その話によって聞き手が感じる感情を考慮することによってはじめて、ひとつの完成をみるものとなっている。つまり、日本人であるかぎり、黙って消え去ってゆく女性像に対して感じる「あわれ」の感情を抜きにして、この話の全体を論じることはできないのである。

分析のポイントに置かれた「あわれ」の感情ということに対しては、『あわれ』とは、完結に至る寸前における、プロセスの突然の停止によって引き起こされる美的感情」であり、「あわれ」の美意識が完成するためには、女性が消え去らねばならず、「鶴女房」の場合を例に「禁止を破られた女は、それに対して怒るどころか、自ら身を引いてゆくのだから、何ともあわれな物語である」と指摘しています。

そして、消え去る女性の側の心理に身を寄せ、禁止を破られることは女性にとって恥ずかしい体験であり、「『あわれ』の美を裏打ちするものとしての『うらみ』の美の存在」に注目する必要があるとして、異類女房譚における「うらみ」の問題へと論が展開されます。「あわれ」は「プロセスの突然の停止」であるのに対して、「うらみ」は「プロセスの永続を望み、消え去ることに対する抵抗として生じてくる」と論じます。「あわれ」は日本の文化の「表通り」に存在しているものですが、その背後には「うらみ」の文化があって、うらみを抱きながら消え去った日本昔話の中の女性が「もう一度力を得て日常の世界に再帰すること」が、「古来からのわが国の文化の在り方に対して、新しい何ものかをもたらそうとするはたらきを象徴するものとなる」という見通しを示しています。

心変わりと幻滅

人間の男が「見るなの禁止」を破ってしまう背景、契機には何があるのでしょうか。

例えば「金持ちになると、大体、人間は欲深くなるものだ。欲深い人間は不安も高い。不安の高い人間は約束を守って、じっと待つことができない」という心理状況への指摘があります（河合二〇一七b）。木下順二の戯曲『夕鶴』（15ページ）は、この側面を強調しています。戯曲の中で、鶴女房の「つう」が次のように独白する場面があります。

> あんたはあたしの命を助けてくれた。何のむくいも望まないで、ただあたしをかわいそうに思って矢を抜いてくれた。それがほんとに嬉しかったから、あたしはあんたのところに来たのよ。（中略）それでもいいの、あたしは。あんたが「おかね」が好きなのなら。だから、その好きな「おかね」がもうたくさんあるのだから、あとはあんたと二人きりで、この小さなうちの中で、静かに楽しく暮らしたいのよ。（木下 一九八二）

ここでは、「損得の価値観」が「夫婦の親密さ」への希望を凌駕《りょうが》していく状況が示されています。続けて「つう」は「あんたはあたしから離れて行く。だんだん遠くなって行く。どうしたらいいの？」と自問します。つまり、「見るなの禁止」の違反に先立って、別離への前兆が語られているのです。

口承の昔話の場合は、ジャンルの特性として、このような心理描写は基本的におこなわれません。したがって、多様な解釈が可能になりますし、それぞれの類話ごとにニュアンスの違いがみられます。ただ一般的に、異類女房の側からも、人間の男の側からも、相手の正体を知ったことによる「幻滅」という心の状態にいたることを指摘できます。

そのことを反映してか、日本の事例においては、別離に際して「仕方がない」という「あきらめ」の心理があるのが一般的です。河合は事例一四の「蛙女房」（42ページ）の場合について、「結婚して仲良く暮らしていても、蛙は蛙と割り切って文句なく別れてしまうところが印象的である」と述べています。そして、日本の異類女房譚においては「見るなの禁止」が破られて女性の本性が露呈すると、例外なく離婚がおこなわれるわけですが、その際、「ほとんどの話で、こうなったからには別れるより仕方がないと切り出すのは女性である」と河合は指摘し、「結婚、仕事、離婚、とすべてについて能動的なのは女性であり、男性は常に受身である」と総括しています（河合二〇一七b）。

日本昔話における、この「男性の受身性」ということのその中身を、次に考えます。

幻滅を越えて

精神科医で精神分析学を専門とする北山修は、河合隼雄と同じく、長年にわたり「見るなの禁止」のモチーフを持つ物語についての考察を進めています。その北山の論点を以下に整理してみたいと思います（北山・橋本 二〇〇九）。

まず、「鶴女房」における「別れの美学」という文芸的特質については、『古事記』の神話の冒頭に登場するイザナミとの比較をふまえて、次のように述べています。

> ただ無言で去っていく鶴女房の美しさは、醜女とともに怒って追いかけた母神の「醜さ」「汚さ」と対照的である。潔くて、対象のはかないことを訴え、その生き方には美学がともなっている。その美学に従えば、多くの日本人はパッと散る桜のように死にたいと言うし、鶴女房のごとくこれだけ美化されているなら、そういうぽっくりと逝く死に方に誘われても仕方あるまい。

しかし、その背景には男性主人公の側の「受身性（不作為）」があります。北山は『古事記』におけるイザナキ・イザナミの神話と「鶴女房」の昔話に共通する枠組みとして、「恥をかくのは見られる側である」こと、そして、「男性主人公の貪欲さ」が悲劇を生み出している点に注目する必要があることを主張します。男の貪欲さとその背後にある欲望は「侵入的で破壊的であり、『甘え』と呼ばれるような受身的なものではない」と。しかし、男性主人公にそのような自覚はありません。それは、鶴女房が即座に立ち去ってしまったからです。「そこで彼女が立ち去らず、彼も逃げずにいるなら、破壊、犯禁、そして侵入の事実が明らかになるとともに、全体として彼がこの愛すべき鶴女房を傷つけていたことがわかり、罪意識が内的に生起することになるだろう」と分析するのです。

ここで、「新しいファンタジーを創造し、そのファンタジーを自ら生きる」という河合の課題に即して、「幻滅」への対処の仕方について、精神科医の立場からの北山の解答をみてみましょう。

北山は「幻滅の最中に、当事者には、鶴女房やイザナキのように去るか、あるいは留まるかの選択が待っている」と述べ、その際に「態度は未決定でも、時間をかけること、抱え／抱えられその場にとどまること」が重要であると主張し、次のように議論を進めています。

人間でありながら動物である妻の姿を見て幻滅する〈与ひょう〉があわてなければ、〈つう〉もそこに留まることができたであろう。また、〈つう〉が矛盾や幻滅を引き受けてそこに留まるなら〈与ひょう〉にも矛盾感、嫌悪感から移行して罪悪感が次第に経験され、反省そして償い（クライン）の機会が与えられたであろう。現代の医療や文化は、それをできる範囲で可能にしようとしているのだと思う。

北山は、そこに物語を書き換える契機があると主張します。〈与ひょう〉(男性的自我)が、「醜いものを見て驚いたとしても逃げず、そして矛盾感や嫌悪感をそこに置いて、『すまない』を味わえば、別れの物語が変わるかもしれない」というのが、そのポイントです。

このような契機を経て書き換えられた物語が、河合の言う「新しいファンタジー」に相当します。それは「別れの美学」や「あわれ」の美意識を相互主観的な段階へと一歩深めたものといえるでしょう。北山はそこで求められるものを「美しいものを壊す醜いものを一生懸命排除しながら美しいものを構築するのではなくて、この醜いものを織り込んで汚いものを見たうえでの美しさ」と表現しています(きたやま・よしもと二〇一一)。

ここで「醜いものを織り込んで」ということが課題として浮上してきます。本書の3章で扱った「異形の者との婚姻」は、まさにこの課題に関わるものですし、1章の「動物の女房」「動物の夫」における変身の場面の描かれ方も「異形」(醜いもの)というテーマに大いに関わります。

「変身」をめぐって

ルッキズムと「変身」

『グリム童話集』の冒頭に掲げられている事例三〇の「蛙《かえる》の王さま」（73ページ）においては、姫が蛙を壁にたたきつけると、蛙は「きれいなやさしい目をした王子」に変身します。そして、二人は幸せな結婚をすることになります。では、もし蛙が美男子の王子に変身しなかったらどうなのかという疑問が浮かびます。

事例六二の「美女と野獣」（157ページ）の場合は、野獣が行方不明の段階で娘が求婚し、それをきっかけに野獣は「素敵な王子」の姿に変身します。「蛙の王さま」の場合とは順序が逆で、野獣の姿のままの状態でも、娘は異類婚を受け入れようとしています。それでも結果としては美男子との結婚に落ちついているので、「醜いものを織り込んで」という課題に明白に応えているわけではありません。

事例〇一の「鶴女房」（14ページ）の場合、「美しい女が男の家にやって来て」と語られており、事例〇三の「蛇性《じゃせい》の婬《いん》」（21ページ）の場合も、「二十歳前の美しい女性も雨宿りにやって来た」と語られていて、両例とも異類女房が美女に変身して人間の男の前に現れています。

これらの事例の展開のあり方は「ルッキズム（外見重視主義）」という分析の枠組みに当

てはまります（西倉二〇二二）。つまり、結婚の成就の前提として「美男・美女への変身」が置かれているというわけです。このことは、先の北山の言葉を使うと「醜いものを一生懸命排除しながら美しいものを構築する」方向に向かっているということができます。

一般にルッキズムの問題が論じられる際には、とりわけ女性に対して外見重視のまなざしが向けられることが問題視されるのですが、昔話のレベルにおいては、「異類聟譚」のほうにもルッキズムの枠組みが強く現れているのです。

「醜いものを織り込んで」という課題に帰ると、「反ルッキズム」の視点に立つ物語はないのかということが探究課題になります。新しいファンタジーを創っていくにしても、それがやはりルッキズムに終始したものになるのか、それとも別の視点が開かれる可能性があるのかを考えていくことは重要な論点になるのです。

反ルッキズムの視点から

本書にあげた事例の中では、事例三六「かにと結婚した女」（88ページ）が、明白にルッキズムの外に立つ視点から物語を展開しています。

この話では、姑《しゅうと》が聟《むこ》の姿をのぞき見る場面がありました。すると、その姿は「大きな眼が頭からダラリと垂れ下がった、しわだらけの小男」だったというのです。見ることがはっきりと禁止されていたわけではありませんが、「見るなの禁止」を違反するパターンの展開となっています。「見るなの禁止」を誰かが犯し、異類の配偶者の正体が知られてしまった場合、別れが訪れるのが一般的な展開でした。しかしながら、この話ではのぞき見をした姑があまりに驚いて死んでしまうものの、かにの夫と人間の妻のその後の結婚生活に変化はなく、幸せな暮らしの継続が語られています。

加えて、特に注目したいのが、夫の容姿の描写です。ルッキズム的には、完全に結婚相手として否定される容姿です。ところが、当の娘はそれを当然として受け入れて暮らしてきたわけですし、姑のショック死という事件があった後も、他の誰もその容姿の醜さを問題にしていません。

さらに、もう一点注目されるのは、かにである聟と妻のあいだに生まれた双子の子どもの姿かたちについての言及がないことです。「妻は身ごもり、かわいい男の双子を生んだ。そのうち双子は大きくなって、あちこち跳ねまわるようになった」とだけ語られているのです。

この点について、小澤俊夫は次のように見解を述べています。

> 語り手はこの子たちが、半身人間で半身かにだったとは語っていない。どのよ

うな姿の子であったかは、そもそも言及されていない。人間と大かにのあいだに生まれた子どもはいかなる姿をとるか、という問題意識がそこには感じられないのである。冒頭で、娘に結婚相手が現われればそれでよくて、その相手が人間か、かにかは問わなかったのと同じ線の上にある。（小澤 二〇一四）

このように異類の配偶者の容姿、そして異類婚の結果として生まれた子どもの容姿が、関心の対象にならない語り手の意識のあり方は、本書に掲載した事例の中でも例外的なものです。それだけに、新しいファンタジーを紡いでいく上で、この話は「反ルッキズム」という新たな視点のあり方、意識の向け方を教えてくれます。

もう一つ、アイヌの伝承の中から、反ルッキズムの考え方を反映した語りを紹介しましょう。

事例七〇――カムイとの婚姻（アイヌ）

私は兄と二人で暮らし、育てられていた。ある日、兄が自分のやるとおりのことを真似をするようにと言って、私をつれて家を出た。川で兄のするとおりに水に飛び込むと、私はイトウという大きな魚の姿に変わった。そして海に出て、とあるところにたどりつき、人間の姿に戻って山を登ると、金の井戸・銀の井戸があった。すると今度は、兄も私も大きなイモムシの姿に変わった。そこへ山から二人の少女がおりてきた。私たちはその娘たちについていって、家の中に入り、イモムシの姿のままで娘たちと結婚の儀式を取り交わした。それからまた順々に姿を変えながら、もと来た道をたどって家に戻ってきた。（後略）（中川 二〇二〇）

ここで「イモムシの姿のままで娘たちと結婚の儀式を取り交わした」と語られている部分が注目されます。イモムシというのはルッキズム的に言って、決して評価される姿かたちではないからです。この部分のやりとりについて、中川裕は次のように述べています。

なぜプロポーズしにいくのに、イモムシなどに変身しなければならないのかというと、外見で男を判断するような女性では駄目なのである。たとえ相手がイモムシでも、心が良いかどうかを見抜いて、それで結婚を判断するような女性であってこそ、自分たちにふさわしいと考えて、わざわざイモムシの格好をして会いに行くというわけなのだ。（中川 二〇二〇）

このような見方が生じる背景には、外観は取り替え可能であり、その内部にそれぞれの存在の本質があり、それらは外観の違いを越えて交流が可能であるという考え方があるようです。したがって、変身というよりも、着脱可能な衣裳（外皮）を取り替えるように語られている印象があります。

では、そのような発想が出てくる背景を探ってみます。

アニミズムと日常的秩序感覚

事例三六「かにと結婚した女」（88ページ）の中で、古老の話として「生き物はみな人間の姿かたちになることができる」と語られます。また、このような考え方は、アイヌの伝承においてもみることができます。中川裕は、次のように述べています。

カムイたちは、カムイモシㇼでは人間と同じ姿をしているといわれる。そして人間と同じように針仕事や彫刻をし、同じように結婚をしたり喧嘩をしたりしてすごしているのである。もっとも人間と同じ姿といっても、それは魂がそういう姿をしているので、人間の目には普通見えない。カムイたちが人間の前に姿を現すときは、それぞれよそいきの衣裳をつけてくる。たとえばクマの神であれば、肉を人間へのお土産として背負って、その上に立派な毛皮のコートを着て、やって来る。その衣裳を身にまとうと、私たちが写真や動物園で知っている、あのクマの姿になるというわけなのだ。（中川 二〇二〇）

このようなものの見方は、「アニミズム」という思考の様式をもとにしたものです。フランスの人類学者フィリップ・デスコラは、アニミズムを西洋近代の思考様式である「自然主義」と対比して、次のように整理しています（フィリップ・デスコラ 二〇一九）。「自然主義」においては、人間と動物は同じように自然法則にしたがう身体を持っているが、精神や知性を持つのは人間のみであると考えます。一方、「アニミズム」においては、動植物も人格を保持していると考えます。つまり、同一の内面性を持ちながら、異なった身体を身にまとっており、時と場合に応じて、その身にまとった身体を脱ぎ捨てることができるのです。すなわち、形態変化の能力を持っているのです。異類婚姻譚がリアリティを持って語られる背景には、ここで述べられているようなアニミズム的思考があるものと思われます。特に「皮を脱ぐ」形で変身が語られる伝承には、その色彩が強く現れています。本書では事例二六「青大将《あおだいしょう》聟」（63ページ）、事例二七「天稚彦《あめわかひこ》草子《そうし》」（65ページ）、事例二九「ひきがえる聟」（71ページ）がそれに当たりますが、事例五四「姥皮」（138ページ）にもその発想の一端が反映しているとみることもできます。

しかしながら、事例二六、二九は韓国の伝承ですし、事例二七は日本のものではありますが、文献説話として残るのみで、口承の説話としては定着していません。そこからみると、日本の伝承はアニミズム的思考の特徴を顕著に保持しているとは言えないようです。

「猿聟」の例などをみると、日本の伝承においては、むしろ「自然主義的思考」がかなり表に出ていると考えてよいでしょう。この点について、河合隼雄は次のように述べています。

> 日本の昔話は世界のなかでも特異な存在であり、ヨーロッパを中心としたキリスト教民族と、イヌイットなどの自然民族の中間に位置していることが解る。このことは、日本という国がアジアの一国として、〔原文ママ〕非キリスト教文化圏とは異なりながら他の国に先がけて、ヨーロッパの文明をいち早く取り入れ、それを吸収していった事実と対応させてみると、極めて興味深いことである。（河合 二〇一七b）

この見解をふまえると、日本社会は西洋近代に典型的にみられる「自然主義的思考」を大幅に取り入れたために「アニミズム的思考」が背後に退いた形になっており、それが昔話の伝承にも反映しているとみることができます。ただ、昭和時代の高度成長期まで続いていた昔話伝承の基本的なパターンは、『御伽草子《おとぎぞうし》』所収の物語と重なることが多いという点からみて、室町時代（一三三六／一三三八～一五七三）までに大まかな話の枠組みはかたまっていたと考えられます。したがって、この「自然主義的思考」の取り入れは十九世紀後半の明治維新によって始まったものではないということを考えに入れておかねばなりません。

日本社会は「アニミズム的思考」を基盤としながらも、それを「自然主義的思考」によって統御するという思考の枠組みを、いつの頃からか成立させたと考えられます。その思考様式のもとになるものを「日常的秩序感覚」と私は名づけました（川森二〇〇〇）。

その感覚は「人間界の秩序は、異類の力を借りなければ維持することはできないが、異類が人間界の日常生活に入り込んできてもそれを維持することができないという矛盾《むじゅん》をはらんだもの」です。そのような感覚が、本書で示したような日本のさまざまな異類婚姻伝承のバリエーションを生みだしているのではないでしょうか。

河合が提示していた「新しいファンタジーを創造し、そのファンタジーを自ら生きる」という課題にもう一度帰り、それに私が答えるならば、「日常的秩序感覚」（忖度《そんたく》もその一つの現れ）の背後に潜在している「アニミズム的思考」を現代によみがえらせて、「利益相反」ではなく「相互利益」の枠組みにもとづく物語を紡ぎ出していくことが重要になります。

アイヌをはじめとする先住民の伝承に学んでいくことの意義もそこにあります。人間と異類が身体的な差異を越えて、相互にコミュニケーションをおこなう物語のリアリティを回復していくことは、排除的な側面を持つ「日常的秩序感覚」から距離をとり、そこから抜け出していくためのステップとして重要です。本書の1章から3章に配置した異類婚姻の事例を「アニミズム的思考」と「自然主義的思考」の相剋《そうこく》として読み、味わい、想いをめぐらしていくことによって、新しいファンタジーを紡ぐためのさまざまな糸口を、読者それぞれの視点からつかむことができるはずだと、私は期待しています。

秩序の維持とジェンダー

最後に、もう一つ現代におけるジェンダーに関わる日本の昔話の特徴をあげておきましょう。それは、女性の主人公が積極的に活躍するという特徴です。この点は、グリム童話をはじめとするヨーロッパの昔話における女性が受け身的であり、男性主導で物語が展開していくのと対照的です。

そして、この女性の主体性という視点から異類婚姻譚をながめると、「猿聟」や「蛇聟・水乞型」の話における異類排除についても、別の疑問が生まれてきます。つまり、「異類の殺害が男性によってではなく、女性によっておこなわれるのはなぜか」という疑問です。「利益相反」の世界観の中で生きる場合の問題解決が女性によって果たされている点を考慮すると、小松の「人間の知恵による異類の排除」という分析に新たな視点をつけ加えておく必要があります。

特に「蛇聟・水乞型」においては、蛇聟の殺害の後、娘は家に帰らずに旅に出て事例五四の「姥皮」(138ページ)の話に接続して語られるものが多くみられます。では、姥皮による変身は何を意味しているのでしょうか。

「姥皮」の話は幸せな結婚で終わりますが、その前段階として姥皮をかぶった「異形」の状態で過ごす期間があります。家を出た女性が自立を遂げるためには一定の期間、外界からの視線を遮断する必要があり、姥皮という外面のやつしによってそれを実現しているという解釈も成り立ちます(織田 一九九三)。

この視点からは、事例五五「鉢かづき」(140ページ)も同じ物語の構造を持っています。

人間の世界の「日常的秩序感覚」を維持するために、人間界の秩序に入り込んできた異類を排除するという必要ではあるが損な役割を女性が果たしていること、つまり、日本の異類婚姻に関する物語が生まれた背景には「人」の生きる世界の秩序を守っているのが女性の役割だという意識があったことが読みとれます。しかし、それが自己犠牲による現状維持にとどまらず、自身の成長に向けての出発点となっていく形の物語が、日本において多く語られていることにも、新しいファンタジーを紡ぎ出していくためのヒントがあるのではないでしょうか。それは必ずしも西洋のモデルに頼るのではない形で、伝統的なジェンダー役割を見直し、新たな女性の生き方、そして男性の生き方を見出していく出発点にもなるはずです。

異類婚姻の物語は象徴性が高く、それだけにさまざまな角度からの解釈が可能ですが、物語の中での女性と男性の位置づけのあり方に注意を向けていくと、さらに多くの発見が期待されます。異類婚姻の物語を探る旅の楽しみは、このようにして第二ラウンド、第三ラウンドへと続いていくのです。

おわりに

異類婚姻譚の世界への旅はいかがでしたでしょうか。

私自身、読者の皆さまとともにこの旅をしてきて、ある種の高揚感を感じています。それは、そこに新たな発見があり、さらなる旅への展望が開けてきたからだと思います。

私の学問的基盤は民俗学・文化人類学であり、口承文芸を研究の中心課題としてきました。異類婚姻譚はその中で大きな存在だったのですが、『日本昔話の構造と語り手』(二〇〇〇年)の段階では、伝承形態としては「口承」、ジャンルとしては「昔話」という範囲に限定し、比較の対象としては韓国に限定する形で、禁欲的に研究を進めていました。

本書の第一の特徴は、対象を「口承」の世界に限定せず、ジャンル的にも「昔話」だけでなく「文学」(創作)の領域にも踏み込んで、異類婚姻譚の世界を幅広く捉えようとしたことです。たとえば、民俗学においては『グリム童話集』は研究対象になりますが、『アンデルセン童話集』は研究対象にはなりません。なぜなら、『グリム童話集』はグリム兄弟が口承の話を記録したものですが、『アンデルセン童話集』はアンデルセンが創作した文学作品だからです。

民俗学がなぜそのような限定をおこなったかというと、口承の昔話は民衆の集団的な意識を反映しているのに対し、創作民話(童話)は作家個人の思想を反映していると考えたからです。しかしながら現代では、民間伝承を素材にした文学、映画などが民衆(大衆)の人気を集めている状況があります。ディズニーの『リトル・マーメイド』や『美女と野獣』などは、その典型ということができます。

その意味で、民俗学的な研究も従来の研究対象の限定を見直していく必要があります。本書において私は、『御伽草子』、『雨月物語』、『南総里見八犬伝』などの古典文学、江戸時代の怪談、近現代の小説、創作童話、現代のアニメなども考察の対象としました。私にとっては冒険でもあったのですが、そこからみえてきたのは、口頭伝承と文字の文学、映像・演劇作品などが相互につながりあう、豊かな世界が広がっているということでした。その世界を読者の皆さまにも楽しんでいただき、それがまた各自の想像力をはばたかせていく契機につながれば、とてもうれしいです。

第二の特徴は、異類婚姻の対象である異類を「動物」「異界（異郷）の者」「異形の者」の三つのグループに分けて、事例の記述を進めたことです。日本の異類婚姻譚を世界中の類話と比較しながら体系的に考察した優れた書物として、小澤俊夫『昔話のコスモロジー――ひとと動物との婚姻譚――』がありますが、副題が示すように、異類の中でも「動物」に限定して異類婚姻譚の分析を進めています。本書では、そこに「異界（異郷）の者」と「異形の者」との婚姻譚を付け加えたわけですが、そうすることによって得られる世界の広がりは、私の予想を超えるものでした。それは昔話の民俗学的研究の進展につながるものでもありますが、異類婚姻譚の研究をより広い、学際的なフィールドへとつれ出すものでもありました。その意味で、本書がさまざまな関心を持った読者に幅広く読まれ、より大きなアリーナが作られていくことを期待しています。

第三の特徴は、アイヌ、韓国、中国、ヨーロッパの類話への比較考察の範囲を広げたことです。そのことによって、日本の異類婚姻譚に広くみられる「排除の構造」が世界の類話においては普遍的ではないことが明らかになりました。特にアイヌの伝承にみられる「相互利益」の考え方は、「利益相反」(二律背反)を軸にして物事を考えがちな私たちに新たな視野を開いてくれるものと思われます。本書では十分に展開することができませんでしたが、先住民の伝承には私たちの盲点に気づかせてくれる側面がいろいろとありますので、近来、資料整備が急速に進んでいるアイヌの伝承についての考察を今後深めていきたいと考えています。

第四の特徴として、現代社会におけるジェンダーの問題と関わる形で、異類婚姻譚における女性の役割や、「変身」のモチーフにおけるルッキズム(外見重視主義)の表れ方などを考察したことです。一般に日本の昔話においては、女性の登場人物の積極性が目立ちます。異類婚姻譚においてもそれは同様で、異類が女性の場合は「出会いと別れ」を主導し、人間が女性の場合は「異類の排除」の先陣を切ります。そこには古いジェンダー役割にしばられた側面もありますが、単なる自己犠牲にとどまらない女性のあり方を直接・間接に示している側面もみられます。物語におけるある側面を過度に一般化するのではなく、プラス・マイナス両方の側面をみつめながら、私たちが現在・未来を生きぬいていくための力となる「新たなファンタジー」を創っていくということが、本書でくり返し述べてきた課題です。私自身、その課題の途上にあり、読者の皆さまとともに本書を振り返りながら、次のステップに向けて歩みを進めたいと思っています。

本書の背景には、神戸女子大学での「日本民俗学特殊講義」の授業や神戸女子大学・神戸女子短期大学オープンカレッジにおける「日本と世界の民話」の講座で積み上げてきた民間説話についての理解の深まりがあります。受講していただいた学生や市民の皆さまに感謝いたします。

また、本書の企画は淡交社編集局よりいただいたものであり、異類婚姻譚の世界の魅力をより幅広い読者にアピールしていくという方向づけのもとに作業を進めていく中で、私自身にとっても新しい風景がみえてくるという楽しい体験をすることができました。企画を立案した藤本郁さん、それを引き継ぎ、図版の準備や全体の仕上げに向けて丁寧なサポートをしていただいた八木歳春さん、森めぐみさんに深く感謝いたします。

本書が読者の皆さまに、楽しさと発見をもたらすことを心より願っています。

二〇二三年九月

川森博司

引用・参考文献

※本書において引用また参考、要約参考に用いた主な文献を掲載します。

飯倉照平編訳　一九九三『中国民話集』岩波文庫
池上嘉彦　一九八二『ことばの詩学』岩波書店
池田香代子訳　二〇〇八a『完訳グリム童話集1』講談社文芸文庫
　二〇〇八b『完訳グリム童話集2』講談社文芸文庫
泉鏡花　一九九四『海神別荘 他二篇』岩波文庫
稲田浩二編　一九九九『日本の昔話　上』ちくま学芸文庫
稲田浩二・小澤俊夫編　一九八二『日本昔話通観4 宮城』同朋舎出版
上田和夫訳　一九七五『小泉八雲集』（小泉八雲著）新潮文庫
黄地百合子　一九七七「竜宮女房」『日本昔話事典』（稲田浩二他編）弘文堂
大島建彦校注・訳　一九七四『御伽草子集（日本古典文学全集36）』小学館
大島建彦・渡浩一校注・訳　二〇〇二『新編 室町物語草子集（新編日本古典文学全集63）』小学館
大畑末吉訳　一九八四『完訳アンデルセン童話集1』岩波文庫
荻原眞子　一九九六『北方諸民族の世界観―アイヌとアムール・サハリン地域の神話・伝承―』草風館
荻原浩　二〇一八［二〇一五］『金魚姫』角川文庫
小澤俊夫　二〇〇九『改訂 昔話とは何か』小澤昔ばなし研究所
　二〇一四『昔話のコスモロジー―ひとと動物との婚姻譚―〈復刻版〉』小澤昔ばなし研究所
小沢俊夫　一九七五「日本の昔ばなしにおける水準化作用」『成城文藝』七二号
小沢俊夫編（中村志朗・青山隆夫訳）　一九七七『世界の民話11 アメリカ大陸Ⅰ』ぎょうせい

小沢俊夫編（関楠生訳） 一九七八 『世界の民話24 エスキモー他』ぎょうせい
織田尚生 一九九三 『昔話と夢分析―自分を生きる女性たち―』創元社
折口信夫 二〇一七［一九二四］「信太妻の話」『古代研究Ⅱ 民俗学篇2』角川ソフィア文庫
河合隼雄 一九九九 「日本昔話の心理学的解明」『中空構造日本の深層』中公文庫
　二〇一〇 『ケルトを巡る旅―神話と伝説の地―』講談社＋α文庫
　二〇一七a 「片側人間の悲劇―昔話にみる現代人の課題―」『〈物語と日本人の心〉コレクションⅤ 昔話と現代』岩波現代文庫
　二〇一七b 『〈物語と日本人の心〉コレクションⅥ 定本 昔話と日本人の心』岩波現代文庫
河島英昭編訳 一九八四 『カルヴィーノ イタリア民話集（上）』岩波文庫
　二〇一七 『まっぷたつの子爵 カルヴィーノ作』岩波文庫
川森博司 二〇〇〇 『日本昔話の構造と語り手』大阪大学出版会
韓国精神文化研究院語文研究室編 一九八一 『韓国口碑文学大系4（2）』韓国精神文化研究院（韓国語）
北山修・橋本雅之 二〇〇九 『日本人の〈原罪〉』講談社現代新書
きたやまおさむ・よしもとばなな 二〇一一 『幻滅と別れ話だけで終わらないライフストーリーの紡ぎ方』朝日出版社
木下順二 一九八二 『夕鶴・彦市ばなし 他二編―木下順二戯曲選Ⅱ―』岩波文庫
金賛會 二〇二三 『お伽草子・中世神話と韓国シャーマンの神歌』三弥井書店
小松和彦 一九九五 『異人論―民俗社会の心性―』ちくま学芸文庫
　一九九八 『異界を覗く』洋泉社
佐々木喜善 二〇〇八［一九二七］『復刻版 老媼夜譚』遠野物語研究所
　二〇一〇［一九三一］『聴耳草紙』ちくま学芸文庫
識名章喜訳 二〇一六 『水の精（ウンディーネ）』光文社古典新訳文庫
白井喬二訳 二〇〇三 『現代語訳 南総里見八犬伝（上）』河出文庫
鈴木サツ全昔話集刊行会編 一九九九 『鈴木サツ全昔話集』福音館書店

関敬吾　一九七八a　『日本昔話大成2』角川書店
　一九七八b　『日本昔話大成3』角川書店
　一九七八c　『日本昔話大成5』角川書店
　一九七八d　『日本昔話大成6』角川書店
　一九八二　「昔話の歴史」『関敬吾著作集2』同朋舎出版
関敬吾編　一九五六　『こぶとり爺さん・かちかち山』岩波文庫
関敬吾著・小澤俊夫補訂　二〇一三　『日本昔話の型 付 モティーフ・話型・分類』小澤昔ばなし研究所
孫晋泰　二〇〇九［一九三〇］『朝鮮民譚集』勉誠出版
高木昌史編　二〇一七　『決定版　グリム童話事典』三弥井書店
高田衛　二〇〇五　『完本　八犬伝の世界』ちくま学芸文庫
高田衛・稲田篤信校注　一九九七　『雨月物語』ちくま学芸文庫
高橋宣勝　一九九六　『語られざるかぐやひめ―昔話と竹取物語―』大修館書店
竹田晃訳　二〇〇〇　『捜神記』平凡社ライブラリー
田中瑩一・酒井董美編　一九七四　『鼻きき甚平―出雲の昔話―』桜楓社
多和田葉子　一九九八［一九九三］『犬婿入り』講談社文庫
崔仁鶴編著　一九七四　『朝鮮昔話百選』日本放送出版協会
　一九七七　『朝鮮伝説集』日本放送出版協会
　一九八〇　『韓国の昔話（世界民間文芸叢書）』三弥井書店
崔仁鶴・厳鎔姫編著（田畑博子・李権煕訳）　二〇一三　『韓国昔話集成2』悠書館
知里真志保　一九七三　『知里真志保著作集1 説話・神謡編Ⅰ』平凡社
鶴岡真弓訳　二〇〇〇　『ケルトの神話・伝説』（フランク・ディレイニー著）創元社
デスコラ、フィリップ（小林徹訳）　二〇二〇　『自然と文化を超えて』水声社
中川裕　二〇二〇　『改訂版　アイヌの物語世界』平凡社ライブラリー

新倉朗子編訳　一九九三『フランス民話集』岩波文庫
ニーダム、ロドニー（長島信弘訳）一九八二「片側人間」『現代思想』第一〇巻第八号
西倉実季　二〇二一「「ルッキズム」概念の検討―外見にもとづく差別―」『和歌山大学教育学部紀要　人文科学』第七一集
野口元大　一九七九「解説　伝承から文学への飛躍」『竹取物語（新潮日本古典集成）』新潮社
野村純一・敬子編　一九七一『五分次郎―最上・鮭川の昔話―』桜楓社
野村純一編　一九七二『笛吹き聟―最上の昔話―』桜楓社
花部英雄　二〇二一『桃太郎の発生―世界との比較からみる日本の昔話、説話―』三弥井書店
福田晃　一九七六『昔話の伝播』弘文堂
　一九七七「猿聟入」『日本昔話事典』（稲田浩二他編）弘文堂
　一九九二「水乞型蛇聟入の古層」『南島説話の研究―日本昔話の原風景―』法政大学出版会
松本隆信校注　一九八〇『御伽草子集（新潮日本古典集成）』新潮社
三浦佑之　一九八九『浦島太郎の文学史―恋愛小説の発生―』五柳書院
宮崎駿（原作・脚本・監督）二〇一九『シネマ・コミック15 崖の上のポニョ』文春ジブリ文庫
室伏信助訳注　二〇〇一『新版 竹取物語 現代語訳付き』角川ソフィア文庫
柳田国男　二〇〇四［一九一〇］『新版　遠野物語 付・遠野物語拾遺』角川ソノィア文庫
　二〇一三［一九三三］『桃太郎の誕生』角川ソフィア文庫
山内淳　二〇二〇「メリュジーヌ伝説考―蛇の尾をもつ妖精の悲劇―」『西洋文学にみる異類婚姻譚』（山内淳監修）小鳥遊書房
和辻哲郎　一九七九『風土―人間学的考察―』岩波文庫

川森博司（かわもり・ひろし）

1957（昭和32）年神戸に生まれる。大阪大学文学部卒業、大阪大学大学院文学研究科博士後期課程中途退学。1997（平成9）年大阪大学より博士（文学）の学位を取得。専攻は、民俗学・文化人類学。日本民俗学会、日本文化人類学会、日本口承文芸学会、アメリカ民俗学会などに所属。韓国・蔚山大学講師・助教授、国立歴史民俗博物館助手、大阪大学講師、甲子園大学助教授を経て、現在、神戸女子大学文学部史学科教授。著書として、『日本昔話の構造と語り手』（大阪大学出版会、2000年）、『日本の民俗3　物と人の交流』（吉川弘文館、2008年、共著）など。

ツレが「ひと」ではなかった
異類婚姻譚案内

2023年12月13日　初版発行

著　者　　川森博司
発行者　　伊住公一朗
発行所　　株式会社 淡交社
本社　〒603-8588 京都市北区堀川通鞍馬口上ル
営業　075-432-5156　　編集　075-432-5161
支社　〒162-0061 東京都新宿区市谷柳町39-1
営業　03-5269-7941　　編集　03-5269-1691
www.tankosha.co.jp

装丁・レイアウト　　HON DESIGN（北尾崇、小守いつみ、間宮理恵）
印刷・製本　　亜細亜印刷株式会社

ISBN 978-4-473-04571-3